OUVRAGES DE J.-L. GASTON PASTRE

L'AUSTÈRE M. DE BARRAC (Valat).
TROIS ANS DE FRONT (Berger-Levrault).
LES GÉORGIQUES (Grasset).
PUBLIUS CORLIAN (Grasset).
PIERRE FONTRAMIE (Le Feu).
LA NEUVIÈME CROISADE (Plon).
L'ETERNEL FÉMININ (Téqui).
LA VILLE AÉRIENNE (Hachette).
LE SECRET DES SABLES (Hachette).
LE PALACE A LA DÉRIVE (Hachette).
SOUS LES GRIFFES DU MANDARIN (Hachette).
IPHIGÉNIE EN TAURIDE, traduit de l'allemand (Le Feu)

Sous presse:

DU FEU SUR LA NEIGE (Hachette).
LA TRAGÉDIE DE SEDAN (Hachette).

OUVRAGES DE LOUIS-J. THOMAS

LES FONDATEURS DU MUSÉE FABRE DE MONTPELLIER. — UNE FEMME, SON ROI, SON POÈTE ET SON PEINTRE (Coulet).

LA BATAILLE D'HERNANI A MONTPELLIER (avril-mai 1830). [Chez tous les libraires].

RÉUNION DE MONTPELLIER A LA FRANCE.

MONTPELLIER IL Y A CENT ANS.

LA VIE UNIVERSITAIRE A MONTPELLIER AU XVIIIe siècle.

COMMENT LES MONTPELLIÉRAINS PRIRENT LA BASTILLE. — LES DÉBUTS DE LA RÉVOLUTION A MONTPELLIER, 1788-1790.

MONTPELLIER ENTRE LA FRANCE ET L'ARAGON PENDANT LA PREMIÈRE MOITIÉ DU XIVe SIÈCLE.

MONTPELLIER ET LE ROI DE ROME, ÉTUDE SUR L'OPINION PUBLIQUE AU TEMPS DU PREMIER EMPIRE.

MONTPELLIER, VILLE INTERNATIONALE.

Sous presse:

LA SÉDITION DE BÉZIERS DU 8 SEPTEMBRE 1381, ET LA LÉGENDE DE BERNARD POURQUIER.

LA BARONNIE DE CARAVÈTES.

Louis-J. Thomas -- J.-L.-Gaston Pastre

Montpellier

VILLE INCONNUE

Le grand mérite de Montpellier est de n'avoir pas l'air stupide...

STENDHAL, Mémoires d'un touriste.

Montpellier est une des laides villes que je connaisse, mais d'une laideur à elle, qui consiste à n'avoir pas de physionomie.

STENDHAL, Journal de Voyages de Bordeaux à Valence en 1838.

A. DUBOIS ET R. POULAIN, ÉDITEURS, MONTPELLIER

MONTPELLIER

VILLE INCONNUE

Louis-J. THOMAS - J.-L-Gaston PASTRE

Montpellier

VILLE INCONNUE

MONTPELLIER
LIBRAIRIE COULET
A. DUBOIS ET R. POULAIN

IL A ÉTÉ TIRÉ DE CET OUVRAGE DIX EXEMPLAIRES
SUR JAPON NUMÉROTÉS DE I A X ET VINGT EXEMPLAIRES SUR RIVES
NUMÉROTÉS DE 1 A 20

Le grand mérite de Montpellier est de n'avoir pas l'air stupide...

STENDHAL. Mémoires d'un touriste.

Montpellier est une des laides villes que je connaisse, mais d'une laideur à elle, qui consiste à n'avoir pas de physionomie.

STENDHAL. Journal de Voyages de Bordeaux à Valence en 1838.

PRELUDE

Deux impressions de Stendhal servent d'épigraphe à cet ouvrage: elles sont successives et contradictoires. C'est qu'il n'est pas facile, et surtout en passant, de connaître Montpellier, ni de comprendre une ville qui a son charme, mais qui se plaît à le défendre contre l'indifférent et l'indiscret, et ne consent à le laisser goûter qu'à la longue, et à qui fait pour cela un effort. Mais cet effort a sa large récompense.

Deux Montpelliérains se sont accordés pour écrire ensemble ce livre. Ils ne sont pas toujours entièrement d'accord, car ils n'ont pas le même tempérament, n'étant, tout à fait, ni du même âge, ni du même quartier. Mais on verra combien ils sont Montpelliérains, à la façon toute spontanée dont ils font la critique en même temps que l'éloge de leur ville. Car elle ne leur est pas indifférente, et l'on ne sait lequel des deux l'aime le mieux.

Certes non, ils ne la trouvent pas stupide; mais ils lui reconnaissent une physionomie vivante, et des caractères marqués, — dont tous ne leur semblent pas également heureux, dont l'ensemble, toutefois, leur paraît former une personnalité, à tout prendre, séduisante.

Ils sont, l'un et l'autre, académiciens de Montpellier. Mais ils n'ont point voulu faire œuvre académique. Ils ont écrit pour l'instruction, mais surtout pour l'agrément du lecteur. Et aussi pour leur plaisir: étant Montpelliérains, c'est-à-dire « amateurs » bien plutôt qu'artistes ou gens de lettres.

Ainsi, faisant à leur façon le portrait de leur ville pour en donner l'idée et la curiosité aux honnêtes gens, il se trouve qu'ils ont, du même coup, fait aussi un peu leur portrait. Faut-il qu'ils en demandent pardon?

Ils vous font part de leurs impressions plus que de leurs connaissances, et moins de leur science que de leurs sentiments. Dans l'amour fervent qu'ils gardent à leur ville, ils ne sont point aveugles, ni passionnés, ni, sur-

*tout, exclusifs. Souhaitant que, les ayant lus, vous considériez désormais **Montpellier** avec moins d'indifférence, ils n'aiment point, si vous n'êtes pas de **Montpellier**, leur ville contre la vôtre; si vous êtes **Montpelliérain**, ils n'ont pas la prétention de vous imposer leur manière de ressentir le charme et d'exprimer l'enchantement de **Montpellier**.*

*Ils ont écrit de bonne foi, sans prétention, ce qu'ils voient, ce qu'ils savent, ce qu'ils goûtent et ce qu'ils pensent de **Montpellier**.*

Et vous en penserez vous-même ce que vous voudrez.

I

Vue cavalière sur dix siècles d'histoire

NAISSANCE DE MONTPELLIER

D'autres villes sont nées dans une île, comme Paris ; sur sept collines, comme Rome ; près d'une fontaine, comme Nimes ; sur un rocher, comme Avignon.

Montpellier est né au bord d'un chemin.

Il n'y a pas très longtemps, — moins de dix siècles.

Au bord d'un petit chemin rural, cheminant entre deux collines pierreuses.

La plus basse de ces deux collines descend vers la plaine grasse et courte que traverse le Lez paresseux avant d'aller finir dans la lagune et dans la mer prochaine.

La plus élevée, qui n'a pas cinquante mètres d'altitude à son point culminant, confondait avec la garrigue voisine ses roches grises — son *clapas* — brillant au soleil, entre les bouquets de pins et d'yeuses, ou parmi les chênes kermès, sur lesquels on pouvait cueillir la graine d'écarlate.

Des moutons broutaient sur ces collines; on les y parquait le soir. Quelques champs portaient, à la saison, la guède ou pastel, qui donne une belle couleur bleue.

Sous les yeux du laboureur ou du pâtre s'étendait, par les claires journées, le plus magnifique horizon: au nord, garrigues vallonnées, collines et avant-monts boisés, montant doucement jusqu'aux montagnes des Cévennes; la croupe grise du Ventoux au nord-est, au sud-ouest le Canigou neigeux, marquant de leurs sommets imposants les bornes du monde, les portes mystérieuses par où l'invasion avait conduit de l'une à l'autre, au cours des siècles, les Ibères et les Gaulois, l'armée d'Hannibal et la conquête romaine, les Wisigoths, les Francs et les Sarrasins; au midi, par delà la plaine et les étangs, la mer, au bord de laquelle dormait la ruine de Maguelone, jeune cité épiscopale que Charles Martel avait détruite, en 737, pour la mieux soustraire aux coups du Maure envahisseur. L'évêque et les chanoines avaient fui vers Villeneuve et vers Substantion; le comte avait bâti son château dans la plaine, sur la motte de Melgueil; les habitants étaient partis Dieu sait où...

Quelques-uns s'égarèrent-ils jusqu'aux deux collines? Est-ce leur descendance qui habitait là dans quelques cabanes éparses, parmi le maquis et les champs de pastel, et qui, à cause de cette culture, avait nommé les deux sommets, l'un, le plus haut, le mont pellier — *mons pestellarius* — et l'autre, plus humble, le mont pelliéret — *mons pestellarietus*...

Mais encore au milieu du xe siècle le mouvement du monde était ailleurs...

L'antique voie domitienne, venant de Nimes par le pont d'Ambrussum sur le Vidourle et le gué de Substantion sur le Lez, pour gagner, par Cessero et Béziers, le carrefour de Narbonne, traversait la garrigue au nord-ouest de la colline de Montpellier sans qu'aucune station y fût marquée. On l'appelait *lou cami de la mouneda.*

Une route plus récente, ayant franchi le Vidourle au pont de Lunel, traversait la plaine auprès des étangs et de leurs salines, passait à Melgueil ou Mauguio, et allait franchir le Lez, au gué de Centrayrargues ou Pont Trincat, loin de la colline de Montpelliéret. On l'appelait *lou cami saliniè.*

Or, un jour, l'une et l'autre de ces routes se trouvèrent abandonnées pour une troisième, qui s'était frayée peu à peu par l'élargissement du pauvre sentier entre les deux collines. On l'appelait *lou cami roumieu.*

C'est parce qu'au penchant oriental de la colline de Montpellier un sanctuaire, dédié à Notre-Dame, avait attiré et retenait un moment les pèlerins qui venaient des Aliscamps et de Saint-Gilles et qui allaient à Saint-Jacques de Compostelle, — les *roumieus* qui venaient d'Espagne et d'Aquitaine et qui allaient à Rome et à Jérusalem.

Pour le service des pèlerins, des maisons, dévalant des deux collines, vinrent se presser de part et d'autre de la route; des marchands, ayant suivi les pèlerins, établirent leurs comptoirs ou leurs tables auprès du sanctuaire, qui en prit bientôt le nom: Notre-Dame-des-Tables. La laine des moutons, l'eau claire des fontaines, la graine d'écarlate et le pastel étaient les éléments, favorablement réunis, d'une industrie drapière qui fut bientôt florissante. Le petit seigneur du pays, nommé Guillem, auquel l'évêque de Maguelone, seigneur de Montpelliéret, avait inféodé Montpellier, tenait aussi, au bord de l'étang, le château de Lattes: il sut y aménager un port. Par le port et par la route, avec les pèlerins et les marchands, vinrent bientôt, d'Italie et d'Espagne, des pays chrétiens et des pays musulmans, de l'Occident et de l'Orient, des médecins et des juristes.

Ainsi naquit Montpellier, ville d'étape, ville marchande, ville savante, l'un des carrefours les plus vivants du monde méditerranéen.

PROGRES DE MONTPELLIER

Pour faire de deux pauvres bourgades une ville de premier rang, il a suffi d'à peine un siècle. Ce sont déjà des seigneurs d'importance que ce Guillem V de Montpellier, qui prend une part glorieuse à la première Croisade d'Orient, et son fils Guillem VI qui, parti à son tour pour la Palestine, en rapporta, avec d'insignes reliques, cette statue miraculeuse de la Vierge — *la Majestat antica* — qui, depuis lors, est vénérée dans l'église Notre-Dame-des-Tables.

Dès que la Croisade a rendu aux marchands de l'Europe l'accès de l'Orient méditerranéen, les marchands de Montpellier ont leur place, leurs comptoirs, leurs colonies et leurs consuls dans ces villes lointaines. Ils y apportent le produit de leur industrie maîtresse : la draperie rouge, si recherchée aux Echelles du Levant, dont la fabrication fut longtemps réservée dans Montpellier aux seuls Montpelliérains d'origine. Ils en retirent les épices, l'alun, le coton, qu'ils offrent, sur le marché montpelliérain, à côté des produits de la campagne montpelliéraine — déjà le vin est abondant et réputé — ou des métiers montpelliérains, dont les plus fameux, avec les draps, sont les objets d'orfèvrerie.

Les marchands de Montpellier vont aussi le long des chemins de terre vers l'Espagne, que leur ouvre de plus en plus large la croisade contre les Maures, le patient et glorieux effort du roi d'Aragon, auprès duquel le seigneur de Montpellier combat avec ses hommes d'armes. Ils vont aussi vers la France; ils sont si nombreux et puissants aux foires de Champagne que c'est toujours parmi eux qu'est désigné le capitaine des foires pour tous les marchands qui usent de la langue d'oc.

Mais placée au carrefour des influences maritime, aragonaise et française, aidée par le juste renom de la monnaie melgorienne, qui appartient à l'évêque de Maguelone, mais aussi au seigneur de Montpellier, l'activité marchande de Montpellier est telle que le premier rang dans la ville est pour les changeurs ou banquiers, dont les tables s'appuient au chevet de Notre-Dame, le second étant pour les drapiers, les épiciers et les orfèvres. C'est peut-être l'art de ces orfèvres, c'est sûrement la richesse et le renom de ces banquiers qui expliquent, dans les chansons de geste en langue française, comme dans les poèmes des troubadours en langue d'oc, tant d'allusions flatteuses à « l'or de Montpellier ».

La ville n'est pas uniquement peuplée de gens de métiers. Un clergé nombreux dessert les deux paroisses : Saint-Firmin de Montpellier, Saint-Denis de Montpelliéret, — et aussi Notre-Dame-des-Tables, dont l'importance grandit avec le progrès de la ville et l'abondance des pèlerins. L'évêque de Maguelone a sa maison et sa cour dans Montpelliéret, dont il est seigneur direct. En divers endroits de Montpellier, des maîtres en médecine et en droit ont ouvert des écoles, et forment, avec leurs étudiants, des universités ou corporations libres où se rapprochent et s'unissent Montpelliérains et gens du dehors. Il y a des étrangers nombreux, même des Sarrasins, même des Juifs, non seulement aux écoles, mais aussi parmi les artisans et les marchands. Bon accueil leur est réservé à tous par les autres habitants, et par le seigneur de Montpellier.

Celui-ci a largement servi les intérêts de sa ville par son prestige, par ses alliances, par l'aménagement de son port de Lattes et du chemin qui y conduit. Les métiers organisés de Montpellier lui en savent gré assurément, mais ils réclament de lui davantage : une place, pour leurs représentants, dans ses conseils et dans le gouvernement de la seigneurie. Il y eut, dès 1141, une tentative de révolution communale. En 1180, ce sont les métiers organisés qui bâtissent à leurs frais la « Commune Clôture » : cette muraille percée de portes et munie de tours — dont il nous reste la « Tour des Pins » — qui réunit pour la défense commune toute l'agglomération urbaine grandie, autour de Notre-Dame, à la fois sur Montpellier et sur Montpelliéret. Ils en assureront désormais l'entretien et la garde, groupés en sept corps ou « échelles » qui se succèdent chaque jour de la semaine aux remparts, sous la direction d' « ouvriers de la commune clôture », élus par eux.

A ce moment, les gens des principaux métiers sont déjà dans le conseil de Guillem VIII. C'est à eux qu'est confiée la garde et comme la tutelle du jeune Guillem IX. Ce sont eux qui, doutant de la légitimité des droits de cet enfant, né d'un second mariage, rendent la seigneurie, en 1204, à la douce et dolente Marie de Montpellier, et l'offrent, comme dot de Marie, au puissant roi d'Aragon Pierre II. Mais Pierre et Marie, au lendemain de leur mariage, jurent, le 15 août 1204, à Notre-Dame-des-Tables, la charte communale qui, donnant le gouvernement de la ville à douze consuls annuels, fonde la république de Montpellier.

LA REPUBLIQUE DE MONTPELLIER

Pourvue au mois d'août 1204 de sa charte communale qui confie le gouvernement et l'administration à douze consuls annuels; ayant su acquérir du prodigue roi Pierre l'entière seigneurie de la ville, et de son glorieux fils Jacques le Conquérant l'entière liberté des élections consulaires, la commune de Montpellier, pendant les XIIIe et XIVe siècles, s'apparente, libre et prospère, aux grandes communes d'Italie et des Flandres. Mais on ne trouve pas dans son histoire de ces luttes fratricides entre petits et grands, plèbe et bourgeoisie, peuple maigre et peuple gras, qui, dans les Flandres, font, finalement, le jeu du pouvoir seigneurial, et aboutissent, en Italie, au régime du podestat et à la tyrannie d'un prince.

Faut-il reconnaître aux gens de Montpellier une sagesse et une modération particulières? Peut-être. Faut-il voir une marque de cette sagesse dans l'harmonieux équilibre des institutions communales, lentement et prudemment établi entre 1204 et 1252? Assurément. Il semble bien que Montpellier ait dû cette vie paisible, un peu exceptionnelle dans l'histoire des Communes, au fait que son gouvernement communal est celui d'une République syndicaliste.

Seuls, en effet, ceux des Montpelliérains qui appartiennent à des métiers organisés ont dans leur ville la plénitude des droits civiques et peuvent participer au gouvernement par le consulat. Les Montpelliérains sont bons catholiques, l'hérésie cathare n'a eu aucune prise parmi eux. Quand ils choisissent le blason de leur seigneurie communale, c'est Notre-Dame-des-Tables, assise sur son trône de majesté et portant l'Enfant-Dieu entre ses bras, qu'ils mettent dans leurs armes et sur leur grand sceau, avec cette devise qui est une prière : *Virgo Mater, Natum ora, ut nos juvet omni hora.* — Mais chez eux les clercs n'ont aucune part à la vie politique ni à l'administration. Les nobles, d'ailleurs très peu nombreux — quelques officiers du seigneur, quelques légistes anoblis par le roi de France — en sont également exclus. Les écoles et leurs réunions sous des statuts communs forment, dans chaque faculté: des arts, de médecine et de droit, l'Université des maîtres et des étudiants, qui est une véritable corporation. Après qu'en 1220 le cardinal Conrad a solennellement promulgré les statuts des écoles de médecine, surtout après qu'en 1289 la bulle de Nicolas IV a reconnu à l'ensemble des écoles montpelliéraines le prestige du *Studium Generale* et en a fait une Université au sens moderne du mot, ces écoles sont plus que jamais un élément essentiel de la prospé-montpelliéraine. — Pourtant aucun professeur de médecine ou de droit, aucun médecin, aucun avocat, aucun notaire, aucun représentant des professions libérales ne saurait prétendre au consulat ni participer au choix des consuls. Ceux-là seuls pouvaient, à Montpellier, participer au gouvernement qui avaient acquis l'expérience du commandement et de la décision dans leur atelier ou dans leur boutique.

Le 1er mars de chaque année, la cloche du consulat appelle à la maison commune les consuls des métiers, élus chacun dans sa corporation professionnelle. Ils se groupent selon l'ordre où leurs métiers sont placés dans les sept « échelles » qui ont chacune un jour de la semaine la garde des remparts; dans chaque échelle, ils désignent, selon l'ordre et le tour fixés par les statuts, cinq candidats-électeurs, soit trente-cinq en tout. A chaque groupe de cinq sont distribués, par un enfant, cinq *rutlons* ou boules de cire, dont l'une est marquée: celui auquel le sort a attribué la boule de cire marquée est électeur. A ces sept électeurs désignés à la fois par le sort et par le choix des métiers se joignent les douze consuls sortants. Ce corps électoral des dix-neuf désigne alors cinq candidats pour chacun des douze chaperons consulaires: mais il doit les choisir successivement dans un métier ou un groupe de métiers auxquels leur importance sociale, économique ou numérique dans la ville réserve une ou plusieurs charges de consuls. Les banquiers ont droit à la première place: les dix-neuf ont donc désigné cinq banquiers ou changeurs pour le premier chaperon. Pour la deuxième place, il y a quatre candidats changeurs et un candidat épicier. Les drapiers ont droit au troisième et au quatrième chaperon. Le cinquième est pour les pélissiers; le sixième pour les orgiers ou marchands de grains; le septième allait aux canabassiers, marchands ou tisseurs de chanvre; le huitième aux bouchers et poissonniers; le neuvième aux ouvriers du cuir et du fer; le dixième aux blanquiers ou tanneurs; le onzième aux ouvriers du bois et de la pierre; et le douzième aux laboureurs. A chacun des douze groupes de cinq parmi les soixante candidats ainsi choisis, un enfant distribuait les *rutlons:* et celui qui, dans chaque groupe, recevait la boule de cire marquée était consul pour l'année, à partir du 25 mars qu'il prêtait serment dans l'église de Notre-Dame.

Le tirage au sort écartait la brigue. Les choix successifs des consuls de métiers et des électeurs faisaient apparaître les compétences. Les candidats devaient être nés à Montpellier ou y résider depuis dix ans, avec la ferme intention d'y demeurer. Celui que le choix des électeurs et le sort avaient investi du consulat ne pouvait s'y dérober sans encourir une forte amende.

Ainsi les élus de Montpellier n'étaient point suspects de poursuivre leur intérêt particulier ou de rechercher une vaine gloire, puisqu'on leur imposait, sans qu'ils l'aient sollicitée, la charge de l'intérêt commun. Ainsi les citoyens de Montpellier assuraient à chaque portion de leur peuple une part de représentation et de gouvernement qui leur paraissait équitable.

Les consuls nommaient, pour les aider dans l'administration, des assesseurs, des syndics et un notaire, qu'ils choisissaient communément parmi les gens de loi, et un trésorier ou clavaire, qui était généralement l'un des douze. Ils nommaient aussi les « consuls mineurs »: consuls de mer, qui veillaient au commerce maritime; consuls sur mer, qui accompagnaient les caravanes; consuls d'outre-mer, qui dirigeaient les colonies lointaines, et ce capitaine des marchands de Languedoc aux foires de Champagne, qui ressemblait tout à fait à un consul sur mer ou d'outre-mer. Ils convoquaient, quand il le fallait ,un conseil étendu, ou même l'assemblée générale des habitants. Sur leur ordre, la *clocla dels armats* appelait aux armes les habitants pour la défense commune.

A la fin du XIVe siècle, après la peste et les ravages des grandes compagnies, — après cette « male nuit » d'octobre 1379, qui fut dure à quelques représentants du pouvoir royal — l'appauvrissement de la ville et la difficulté d'y trouver assez de personnages consulaires firent réduire à six le nombre des consuls. A la fin du xve siècle, les bourgeois vivant de leurs revenus et n'appartenant à aucun métier, les gens de robe, puis les gens du Roi eurent accès aux premiers chaperons. Ce fut au milieu des troubles du xvie siècle, en 1574, que la nomination des candidats au consulat fut usurpée par le gouverneur de la ville. Mais jusqu'au mois de janvier 1790 les gens des petits métiers et les pauvres laboureurs gardèrent une place au consulat. Ouvriers et laboureurs aujourd'hui sont loin d'avoir pour eux la sixième part de la représentation et de l'administration municipales...

MONTPELLIER EN FRANCE

La République de Montpellier supportait allègrement un double vasselage : elle relevait directement de l'évêque de Maguelone pour Montpelliéret, et pour Montpellier du roi de Majorque, successeur du roi d'Aragon, sous la suzeraineté de l'évêque. Elle se savait du royaume de France ; et quand l'autorité directe du roi de France s'approcha de ses murs en 1226, elle s'empressa d'obtenir de Louis VIII une charte de protection, garantissant ses libertés, coutumes, privilèges et franchises. La création du port d'Aigues-Mortes en terre royale faillit porter au commerce montpelliérain un coup, qu'on fut heureux de parer en acceptant à Montpellier l'usage de la monnaie tournois et l'appel aux tribunaux du roi de France. En 1293, Philippe IV le Bel acquiert de l'évêque de Maguelone Montpelliéret et la suzeraineté sur Montpellier, — et il faut subir l'impôt royal pour l'ost de Flandre. En 1349, Philippe VI de

Valois achète Montpellier au dernier roi de Majorque. Désormais, la ville tout entière est, non seulement dans le royaume, mais dans le domaine direct du roi.

La vie de la République montpelliéraine n'en est pas sensiblement changée. Le roi de France est un protecteur parfois un peu rude — au moins dans la personne de ses représentants — mais singulièrement plus fort et plus utile à la prospérité de la ville que l'évêque de Maguelone ou le roi de Majorque. Cette première moitié du XIVe siècle est certainement la plus belle époque, la plus active, la plus riche, de la commune de Montpellier.

Mais si les Montpelliérains ont, à ce moment, élargi vers le royaume le champ fructueux de leurs opérations commerciales, leur horizon politique demeure encore borné au voisinage immédiat de leurs remparts. Ils sont, avant tout, bourgeois de Montpellier ; il ne semble pas qu'ils se reconnaissent une solidarité effective ou des intérêts communs avec les autres vassaux du roi de France.

Or, en 1355, la chevauchée du Prince Noir à travers les pays de Languedoc, depuis Bordeaux jusque sous les murs de Narbonne, en les obligeant à prendre les armes pour leur défense immédiate contre un ennemi aussi lointain que l'Anglais, leur révèle à quel point leur intérêt particulier tient à la sécurité générale des sénéchaussées du Midi, et de tout le royaume. Aussi les voit-on tout aussitôt collaborer avec les autres villes, avec le clergé, avec les seigneurs des pays de Languedoc, afin de pourvoir aux charges de la guerre, de la rançon du roi Jean, des ravages causés par les Compagnies; — et c'est l'origine des Etats de Languedoc et de leur administration. Cependant l'affection particulière des Montpelliérains pour le roi prisonnier, qui est leur seigneur direct, mais qui est aussi le roi de France, se manifeste par une ambassade envoyée à Londres, par des cadeaux touchants, par ces lettres affectueuses que conservent leurs archives et dans lesquelles le roi-chevalier les informe de sa santé, leur demande quelque prêt d'argent, ou leur annonce sa délivrance. Le traité de Brétigny, cédant le Rouergue aux Anglais, met la frontière du royaume à vingt lieues des remparts de Montpellier. Désormais le lieutenant du roi aux parties de Languedoc réside à Montpellier autant qu'à Toulouse, et Montpellier commence sa carrière de capitale administrative, juste au moment où les malheurs du royaume portent une sérieuse atteinte à la prospérité de son commerce, de ses métiers et de ses écoles.

Désormais Montpellier est ville française, et se mêle de plus en plus à la vie générale du royaume, — mais non aux lamentables intrigues qui accompagnent le règne malheureux de Charles VI. Montpellier, ville française, a la passion de la fidélité: elle repousse avec horreur l'idée de la domination anglaise, ne reconnaît point l'autorité des Bourguignons alliés des Anglais, sert le roi de Bourges, entend l'appel des bourgeois d'Orléans au printemps de 1429. Et quand les messagers de Jeanne la Pucelle accourent lui annoncer l'heureuse délivrance d'Orléans, prélude et présage du couronnement de Charles VII à Reims, Montpellier bâtit, en reconnaissance, là où se présenta le messager — c'est là où est aujourd'hui la portion nord de l'Esplanade — une église dédiée à Notre-Dame-de-Bonnes-Nouvelles.

DE JACQUES CŒUR A RABELAIS

La ville qui célébrait par un sanctuaire à Notre-Dame la bonne nouvelle de la levée du siège d'Orléans était, assure-t-on, une ville pauvre et déchue. La paix et l'ordre rétablis lui permettent bientôt de retrouver sa voie et de reprendre sa carrière.

L'Université, si florissante au XIVe siècle, lors de la fondation des collèges — les bâtiments de l'un d'entre eux, fondé par le pape Urbain V, qui enseigna à Montpellier, abritent encore la Cathédrale et la Faculté de Médecine — avait beaucoup souffert de la peste, de la guerre et de l'appauvrissement général. Voici que les pouvoirs publics se mettent, maintenant, à son service. La commune, pour abriter la Faculté des Arts, fonde l'Ecole Mage, dont elle fournit le local et entretient les maîtres. Le roi crée un Collège royal de Médecine, dont les maîtres sont nommés et payés par lui.

Dès le milieu du XVe siècle, la Cour des Aides pour les pays de langue d'oc est fixée à Montpellier. Les conseillers à robe rouge sont ici — comme Messieurs du Parlement de Toulouse — les premiers et les plus influents parmi les officiers royaux que l'heureuse situation et la prospérité renouvelée de la ville ont conduit le roi à y établir : gouverneur de Montpellier, trésoriers de France, sénéchal, présidial, hôtel des monnaies, cour du Petit Scel.

Par le nombre, la variété, l'importance de ces officiers royaux, par les fréquents séjours du gouverneur de la province, par les sessions des Etats, Montpellier est vraiment devenu capitale administrative du Languedoc.

Un afflux de nouveaux habitants a rajeuni la ville un peu défaillante. Le plus illustre parmi eux est ce Jacques Cœur, venu de Bourges et de la cour du roi, qui eut pendant quelques années à Montpellier le centre le plus important de ses multiples activités économiques, et y fit bâtir la Grande Loge des marchands.

Ni l'annexion de Marseille au royaume, ni le changement des grandes routes du commerce maritime par les découvertes des Portugais, ni l'emploi des navires de haut bord n'ont, comme on le croit communément, ruiné le commerce montpelliérain. Seul, le commerce maritime aux pays du Levant paraît bien avoir jeté son dernier éclat avec les vaisseaux de Jacques Cœur. Mais les relations avec l'Italie demeurent actives; les rapports avec les pays germaniques, avec les grandes foires de Lyon et de Genève, se développent au contraire à ce moment. Comment expliquer autrement que par cette activité des relations commerciales, par le double courant vers Montpellier des étudiants et des marchands venus d'au-delà des Alpes, du Jura et du Rhin, le développement précoce et brillant de l'humanisme aux Ecoles de Montpellier, cette bibliothèque de manuscrits grecs formée par l'évêque Guillaume Pellicier — celui qui, en 1536, transféra à Montpellier le siège épiscopal de Maguelone — l'esprit nouveau de cet enseignement médical auquel vint prendre sa part maître François Rabelais? Comment expliquer autrement que la réforme religieuse ait eu très tôt des adhérents à Montpellier, — parmi les clercs, parmi les étudiants, parmi les gens de métiers, — au point qu'en 1567, les catholiques violemment chassés de la ville, Montpellier fut ville protestante...

LE TEMPS DES TROUBLES

Ce temps dura, à Montpellier, de 1561 jusqu'au mois d'octobre 1622, que Louis XIII, ayant assiégé la ville, y entra, par la porte de Lattes, parmi le peuple criant: miséricorde! pour y imposer aux protestants la « paix de Montpellier ».

Temps de troubles et de ruines, que l'Edit de Nantes, en 1598, interrompit à peine un moment: car mettant Montpellier au nombre des places de sûreté accordées aux protestants, il en faisait, du coup, l'un des appuis les plus solides pour les révoltes qui marquèrent les premières années de Louis XIII.

Montpellier y perdit l'élection de ses consuls. Pas une muraille ne demeura debout de ses soixante églises ou chapelles — sauf toutefois celle du monastère Saint-Germain, devenue la cathédrale Saint-Pierre: mais l'une des quatre tours renversée sur la voûte, pendant que les catholiques y étaient assiégés par les protestants, ébranla si fort l'édifice qu'on allait se résoudre à l'abattre lorsqu'en 1629 Richelieu en fit entreprendre la restauration. Rien ne subsista désormais des riches habitations qu'avaient bâties et ornées pour leur agrément les grands marchands du Moyen Age ou de la Renaissance. La campagne voisine ravagée, les métiers délaissés, les écoles désertes, partie des habitants fuyant aux montagnes prochaines : Montpellier allait périr...

L'heureuse éclaircie des trop courtes années d'Henri IV montra comme les prémices d'un renouveau : le roi y contribua par la création de nouvelles chaires à l'Université de Médecine, et par ce Jardin du Roi, ou Jardin des Plantes, qu'en 1621, lors de la guerre de M. de Rohan, le bastion du Peyrou écorna. L'année suivante, la paix signée, la muraille abattue de la porte de Lattes à la porte de Nimes et la Citadelle du roi bâtie en sentinelle face à cette brèche du rempart, Montpellier recommençait sa vie active dans l'ordre monarchique, sous la tutelle des officiers du roi.

LES GRANDS SIECLES

De ces siècles du Moyen Age qui furent pour Montpellier un temps de grandeur et de prospérité, bien peu de témoins ont survécu aux fureurs dévastatrices du temps des troubles. Deux portes de l'ancienne enceinte, mais défigurées; une tour, qui abrite aujourd'hui les archives municipales, et que des arbres poussés sur sa terrasse ont fait nommer la Tour des Pins; à côté, le monastère et le collège fondés par Urbain V, devenus la Faculté de Médecine et l'église cathédrale, dont le porche rappelle l'architecture imposante et massive du Palais des Papes d'Avignon. Si la Loge des Marchands a disparu, son souvenir, près de l'emplacement où elle fut édifiée par les soins de Jacques Cœur, demeure, avec le nom de la rue maîtresse de la ville.

Mais on retrouve, presque intacte, la capitale provinciale des XVIIe et XVIIIe siècles, — alors que Montpellier était le siège du Gouvernement et de l'Intendance de Languedoc, de la puissante Cour souveraine qui désormais est dénommée Cour des Comptes, Aides et Finances, et le lieu de réunion ordinaire des Etats de Languedoc pour leur session annuelle. Ce sont, au long des rues étroites et sinueuses, où l'agréable chaise à porteurs suppléait aux carrosses trop larges et trop bruyants, tant de beaux hôtels bâtis et décorés dans le plus pur goût français, mais à la façon montpelliéraine : cours somptueuses, escaliers majestueux, appartements délicatement ornés, derrière la plus modeste façade. C'est le Jardin des Plantes, fondation d'Henri IV patiemment agrandie et embellie pendant deux siècles. Ce sont les fontaines monumentales, dont les marbres gracieux décorent nos places. C'est l'Esplanade, dont les allées ombreuses s'alignent, grâce à M. de Roquelaure, entre la ville et la Citadelle. C'est l'Arc de Triomphe, élevé sur la porte du Peyrou, à la gloire de Louis XIV. C'est, surtout, cette admirable promenade du Peyrou, le Château d'Eau et les Arceaux de son aqueduc amenant les eaux pures de la source Saint-Clément, monument impérissable, où la munificence des Etats de Languedoc et la sollicitude du consulat se rejoignent pour témoigner du goût et de l'art avec lesquels nos ancêtres montpelliérains surent disposer ainsi pour le plaisir des yeux et l'harmonie des formes leurs bâtiments d'intérêt public : — ce Peyrou dont les terrasses, autour de la statue du Grand Roi, dominent le double horizon de la montagne et de la mer, et que tous les voyageurs, depuis cent cinquante ans, célèbrent à l'envi, comme l'un des plus imposants et des plus harmonieux paysages urbains qui soient au monde.

Dans cette ville royale, dans cette vraie capitale administrative de la province de Languedoc, est-il étonnant que les officiers royaux occupent désormais la première place, et que le premier rang parmi eux appartienne à l'imposante et riche Compagnie de la Cour des Aides ? — Mais c'est l'élite de la ville et de la province que l'on retrouve parmi les officiers de cette Cour. Cette noblesse de robe possède les plus riches domaines des environs, et se plaît non seulement à les faire valoir selon les meilleures méthodes, mais à les embellir de ces parcs, de ces fontaines, de ces maisons des champs qui subsistent encore et font notre admiration.

On la retrouve — et ceci est plus important — parmi les soutiens et les commanditaires d'un commerce et d'une industrie dont l'activité et l'ampleur renouvelées rappellent et dépassent peut-être celles dont on fait si justement honneur aux Montpelliérains du Moyen Age. La politique de Colbert trouve ici les collaborateurs les plus résolus et les plus avisés. Le port de Sète, par sa construction, est une création royale: économiquement, il est l'œuvre des marchands de Montpellier. Si leur commerce avec le Levant demeure soumis, malgré leurs réclamations, au monopole de Marseille, c'est par Sète, et souvent par leurs propres vaisseaux, qu'ils sont en relation avec l'Italie, l'Espagne et les Etats barbaresques; avec « les Iles » et les autres pays d'Amérique; avec l'Angleterre et les « Pays du Nord »: la Hollande, les Allemagnes, la Suède, et jusqu'avec la lointaine Russie. Les étoffes de laine et de coton, les vins, les eaux-de-vie, les parfums et les eaux de senteurs sont les principaux produits montpelliérains qui alimentent à la fois ce commerce maritime et celui qui se fait par le canal du Languedoc, par la foire de Beaucaire et par le Rhône vers l'intérieur du royaume.

La révocation de l'Edit de Nantes, si funeste en d'autres lieux à la prospérité économique, n'a pas sensiblement affecté l'économie montpelliéraine. Leur communauté religieuse dispersée, leurs temples détruits, obligés à se déclarer catholiques, le plus grand nombre des protestants de Montpellier sont demeurés à la tête de leurs florissantes entreprises. L'un d'eux, Jacques Gilly, en 1700, — au temps de Bâville — est désigné par Louis XIV pour représenter la province de Languedoc au Conseil du Commerce. Plus tard, et en échange de leur sagesse, on permit à leurs fils d'aller étudier à Genève, même de s'y marier. La prospérité de Montpellier, de la province et du royaume trouvent leur compte à cette tolérance.

Dans la deuxième moitié du XVIIIe siècle, les grands négociants de Montpellier, exportateurs de produits montpelliérains, importateurs de sucre, de blé, de laine et de coton, sont en même temps des banquiers puissants, dont la signature fait autorité sur toutes les places de l'Europe. L'un des plus riches parmi ces établissements est celui de « François Durand et Fils » qui, outre ses magasins et ses bureaux de Montpellier et de Sète, a des comptoirs à Marseille, à Perpignan, à Barcelone, à Palerme et à Cadix. L'association des capitaux permet la fondation de sociétés importantes, qui exploitent les industries nouvelles des toiles peintes et des mouchoirs de coton. Celle que dirige Cambon fils aîné, le futur conventionnel, a des succursales à Cholet pour la fabrication, et à Bordeaux pour le commerce vers les Antilles. D'autres ont des annexes industrielles jusque dans les Vosges. Le chimiste Chaptal, en même temps qu'il est associé à plusieurs de ces entreprises, fonde, aux portes de Montpellier, avec les subsides des Etats de Languedoc, sa manufacture de la Paille, où il prépare l'acide sulfurique et les matières colorantes.

Chaptal est médecin. Aux leçons d'une Ecole dont le juste renom est universel, il a pu rencontrer des étudiants venus non seulement de toutes les provinces du royaume, mais de Suisse, de Hollande, d'Allemagne, d'Ecosse et du Brésil. A côté de l'Université, la Société royale des Sciences et sa chaire de mathématiques, les chaires de physique et de chimie fondées par les Etats de Languedoc, le Collège de chirurgie créé par La Peyronie, forment un ensemble scientifique bien digne d'un siècle passionné pour le progrès et pour les lumières.

Dans cette ville désormais paisible et riche, la vie de société se développe aisément. La « saison » montpelliéraine est aux mois d'hiver, quand se réunissent dans la maison consulaire les Etats de Languedoc. Les fêtes et les réceptions se succèdent chez l'archevêque de Narbonne, président des Etats, chez l'Intendant. Molière, en 1657, contribua pour sa part à ces splendeurs. En 1753, le duc de Richelieu fit bâtir, sur le fossé comblé, près de la porte de Lattes, le plus élégant des théâtres, œuvre de l'ingénieur militaire Mareschal. Dans l'église Notre-Dame, reconstruite, s'ordonnent, en décembre, l'imposante « procession des Etats », et le 15 août, la procession du vœu de Louis XIII. Le jeu de l'arc et le tir à l'arquebuse dans les fossés près de la Citadelle, le jeu de mail au long des petits chemins de campagne, les foires de printemps et d'automne au Port-Juvénal, le carnaval au faubourg Boutonnet, sont les plaisirs de la bourgeoisie comme du menu peuple. Séduits par le climat et l'aménité de l'accueil, ou bien attirés par le renom des médecins, des étrangers viennent nombreux, pour une saison, ou pour des années. Ce sont surtout des Anglais, et on leur fait le meilleur visage, même pendant le temps que la France est en guerre avec l'Angleterre.

Mais les Montpelliérains du temps de Louis XVI, si actifs, si riches et si entreprenants qu'on les connaisse, ne sont pas satisfaits de leur sort. Ils se sentent gênés dans une organisation administrative vieillie, dans une organisation sociale insuffisamment simple. Tout pénétrés du généreux mouvement de leur siècle, tout frémissants aux mots de progrès et de liberté, grands bourgeois du commerce et des manufactures ou nobles conseillers à la Cour des Aides se plaignent également de n'avoir pas, dans le gouvernement de la ville et de la province, même de l'Etat, la part qui convient à leurs services et à leurs mérites.

Et c'est ainsi que la crise révolutionnaire a rendus illustres, en les portant aux premiers postes de l'Etat, un conseiller à la Cour des Aides et deux industriels de Montpellier : Cambacérès, Cambon et Chaptal.

LES REVOLUTIONS

Le généreux mouvement de 1789 fut accueilli avec faveur à Montpellier. On choisit les consuls de 1789 sans l'assentiment du gouverneur de la ville. Dès le mois d'avril, la Garde nationale, reprenant à la mode du jour la mission des antiques « échelles », occupe les places, les portes et les remparts, et veille à la sécurité publique, sous des chefs élus par les citoyens en armes. Une nuit du printemps de 1790, la jeunesse bourgeoise prend la Bastille montpelliéraine en occupant la Citadelle.

Montpellier, pendant ces rudes années, souffrit beaucoup. Non pas que la Révolution y ait été sanglante : la guillotine, dressée au Peyrou, à la place d'où l'on avait ôté la statue du Grand Roi, fit peu de victimes, et les luttes de partis ne furent pas ici aussi violentes qu'en d'autres villes. Seule ruine de ces nouveaux troubles, l'église Notre-Dame fut de nouveau démolie, et remplacée plus tard par une halle dont les colonnes, selon le goût du temps, « rappelaient le style de Pestum ». Mais la capitale provinciale était réduite au simple chef-lieu d'un département ; l'Ecole nationale de Santé s'efforçait timidement de garder les traditions de la glorieuse Université détruite; la guerre et les troubles avaient interrompu le commerce et vidé les ateliers.

La bourgeoisie marchande, qui avait repris, dès 1789, la première place dans la ville, en conserva longtemps l'administration. Les efforts heureux, l'influence dans les conseils du gouvernement consulaire des Montpelliérains Cambacérès et Chaptal rendirent au chef-lieu du département de l'Hérault quelques-uns des attributs d'une capitale régionale, avec le siège d'une division militaire, d'une Cour Impériale, de Facultés de Médecine, de Sciences et de Lettres, d'un Lycée impérial. Mais la guerre et le blocus continental, paralysant le port de Sète, gênaient les Montpelliérains dans leur œuvre de redressement économique.

1815 fut pour Montpellier le début d'une véritable restauration. Non pas parce qu'un marquis, gendre d'un ancien intendant de Languedoc, remplaça à la Mairie un fabricant de couvertures de laine: mais parce que la paix faite, l'ordre européen rétabli et le port de Sète amélioré, ces couvertures de laine, fabriquées à Montpellier, purent être vendues abondamment aux Etats-Unis d'Amérique.

La révolution industrielle du milieu du XIXe siècle fut accueillie à Montpellier avec la même faveur que la révolution politique et sociale de 1789. On ne bouda ni aux métiers mécaniques, ni aux machines à vapeur. L'un des premiers chemins de fer construits en France fut celui qui, en 1839, relia Montpellier à son port de Sète : il fut construit par des Anglais, avec des capitaux montpelliérains. Les traités de commerce de 1860 apparurent d'abord comme un nouvel élément de prospérité.

Cependant la ville prenait une figure nouvelle. Dès le début du XIXe siècle les vieux remparts et leurs fossés avaient fait place à des boulevards plantés d'arbres et bordés de belles maisons neuves. L'Arc de Triomphe dégagé des remparts et le pont agrandi conduisaient plus aisément vers la statue de Louis XIV, rétablie au milieu du Peyrou. La place de la Comédie, ornée de la fontaine des Trois Grâces, devenait le cœur vivant de la cité, entre le Théâtre et l'Esplanade, entre la rue de la Loge, élargie vers les nouvelles halles que le maréchal de Castellane vint inaugurer en 1859, et la rue Maguelone ouverte vers la gare. Le Palais de Justice et l'Hôtel de la Préfecture rebâtis; l'aqueduc prolongé jusqu'à la source du Lez; la rue Saint-Guilhem ouverte; la cathédrale agrandie; l'église Saint-Roch entreprise; le clocher de Sainte-Anne dressé au plus haut de la ville: — cette « haussmanisation » de Montpellier, avec les mêmes avantages et les mêmes défauts que celle de Paris, devrait bien valoir son nom sur une plaque, au coin d'une rue, au maire Jules Pagézy.

Mais le libre-échange, les chemins de fer et les si rapides progrès des usines du Nord eurent bien vite raison des industries montpelliéraines. Il n'en restait guère que le souvenir lorsque les maladies nouvelles de la vigne, et surtout le phylloxéra, ruinant entièrement le vignoble de Languedoc, il sembla que les moyens de vivre allaient entièrement manquer à ceux des trente-cinq mille habitants de Montpellier qui n'étaient ni étudiants, ni fonctionnaires...

LA VIE CONTINUE

Mais il y a une vertu singulière dans ce site montpelliérain, découvert et consacré voilà bientôt dix siècles par la dévotion à Notre-Dame, utilisé depuis lors, ordonné, embelli, rendu fameux par les efforts convergents des marchands créateurs de richesses, des maîtres propagateurs de science et des pouvoirs publics mainteneurs d'ordre et de paix.

Ce sont des Montpelliérains qui ont trouvé, c'est l'Ecole Nationale d'Agriculture de Montpellier qui a étudié et propagé les moyens de rendre la vie au vignoble que le phylloxéra avait tué. C'est au début de la crise, au mois de mai 1878, dans une ville blessée et au milieu d'une campagne désolée, que sur les terrasses du Peyrou Frédéric Mistral, au cours de fêtes organisées par quelques savants montpelliérains, lançait son généreux appel à l'union des peuples latins. C'est au début de la convalescence, au mois de juin 1890, que sur les terrasses du Peyrou, devant le Président de la République, toutes les Universités du monde apportaient leur salut confraternel et leur cordial hommage à l'Université de Montpellier, six fois centenaire. Et c'est quand, le rude effort achevé, on put craindre un moment qu'il ait été inutile, au mois de juin 1907, que sur les terrasses du Peyrou s'organisa l'émouvant cortège des cinq cent mille vignerons du Midi, proclamant leur ferme volonté de vivre de leur probe travail et du loyal produit de leurs vignes.

Montpellier, aujourd'hui, est l'un des marchés les plus riches du vignoble reconstitué. Des industries nouvelles se sont créées. Le commerce est chaque jour plus actif. L'Université, l'une des plus prospères de France, reçoit, plus que jamais, des étudiants venus des contrées les plus lointaines.

Et Montpellier compte plus de quatre-vingt mille habitants.

II

Les choses

L'ŒUF

C'est un des charmes les plus certains de cette ville que sa délicieuse irrégularité. Le Peyrou mis à part, il semble que l'on ait apporté à Montpellier la banalité, sinon la laideur, avec le plan carré et la ligne droite.

On aime, ici, les courbes et les sinuosités. Mais on a des tendresses particulières pour l'ovoïde. Aussi, jardins et places prennent-ils comme à plaisir la forme d'un œuf.

Mais malgré l'abondance, dans Montpellier, de places ovoïdes, fleuries ou nues, il n'y a à Montpellier, pour les Montpelliérains, qu'un œuf : *l'Œuf*.

Il n'est point au centre de la ville : tout Montpelliérain conscient sait que la ville véritable est enclose dans le tour des boulevards : l'Œuf est justement sur ce tour.

Mais cet Œuf, qui paraît ainsi en marge de la ville, en sent toutefois battre le cœur. Est-ce que le cœur d'un homme bien bâti est au centre du corps ? Non point : mais un peu en haut et à gauche. L'Œuf est ici un peu en bas, à la porte de Lattes, entre Montpellier et Montpelliéret, en un point qui fut de tout temps, à travers dix siècles, un lieu de rencontre et un agent de liaison.

Ce n'est pas par un effet du hasard, c'est par obéissance à des lois mystérieuses que la vie de société se développa jadis juste à cet endroit: avec le tir à l'arc ou à l'arbalète dans les fossés aujourd'hui comblés; avec le théâtre bâti sur l'emplacement d'un pan de rempart — il y est encore; avec les cercles et les cafés — on n'en put jamais faire réussir ailleurs dans la ville.

C'est de là qu'on descendait jadis de la ville vers le port, et qu'on descend aujourd'hui de la ville vers la gare. C'est de là, depuis neuf cents ans, qu'on monte à la Commune pour les affaires publiques et qu'on monte au Palais pour les affaires privées.

Et c'est là que musent, lézardent et s'acagnardent ceux qui n'ont que faire de descendre ou de monter.

C'est donc sur l'Œuf qu'il convient de se tenir à toute heure du jour et de la nuit, si l'on veut suivre en curieux, en philosophe, ou même en homme d'affaires, la vie de Montpellier.

Les groupes sympathiques s'y forment, s'y succèdent et s'y mêlent au gré des heures et des circonstances. Il y a les gros-boutiers, qui préfèrent leur Œuf sur la partie large, qui regarde vers le théâtre et les banques. Il y a les petit-boutiers, qui le préfèrent sur le bord étroit qui tend vers les frondaisons de l'Esplanade et les appels des cinémas. Il y a les péripatéticiens qui, ne sachant par quel bout le prendre, tournent autour, éperdûment ou paisiblement, selon qu'ils sont inquiets ou résignés.

Toute la ville est là, dans sa grâce souriante. La belle lumière dorée atténue la laideur des riches maisons neuves. Aux terrasses bavardes, la simple vergèze donne autant d'esprit qu'ailleurs le meilleur des champagnes. Les tramways bruyants semblent inviter au plus délicieux des voyages, — à Cythère, ou au pays de Cocagne, au choix. Et les puissantes limousines des riches passants s'arrêtent, comme charmées, avec un grondement de plaisir...

Tout, sur cet Œuf, rend le corps plus dispos, l'esprit plus allègre, et l'âme doucement indulgente...

C'est que les Trois Grâces, au milieu, dressent la triple leçon de leur sourire discret, de leur charme modeste, et de leurs corps harmonieux...

DU PEYROU AU MUSEE

Dès le premier contact avec Montpellier, on est comme entraîné vers le Peyrou, et du Peyrou on descend vers le Musée. Ce sont les deux pôles de la cité, qui attirent et renvoient l'un à l'autre. Au Peyrou, on prend sa première leçon. Dans la suite, l'accoutumance n'agit pas toujours. On s'arrête, ébloui et déconcerté devant la majestueuse splendeur de la promenade royale. Mais si cette magnificence émeut et déconcerte, elle n'accable pas, — elle ne demeure pas hors de nos possibilités et loin de notre entendement. Le Peyrou exalte les forces de la vie et célèbre le triomphe de l'intelligence, mais demeure purement humain. Si la tête est très haute, les pieds touchent le sol.

Le décor est unique. Il faut arriver au Peyrou par la rue Nationale. Le Palais de Justice néo-grec est déjà une préparation. Ce style, à demi-bâtard, serait banal ailleurs; ici, il est à sa place. Avec son portique, son fronton et son grand escalier, c'est bien le temple où l'on rend la justice. C'est une « basilique », comme disaient les païens.

L'Arc de Triomphe se dresse et s'ouvre, hautain et glorieux. Il fut construit en 1691, en l'honneur de Louis XIV, et enclavé dans les murs de la ville. Depuis, on l'a dégagé. C'est un arc romain, moins héroïque et aussi moins farouche que les arcs de l'antique Rome. On n'est pas écrasé comme par l'arc de Trajan. Cet arc est de chez nous. Il est romain comme l'est une tragédie de Corneille, autant, mais pas plus. Une inscription latine révèle que Louis XIV, après une longue guerre, a battu les puissances conjurées, donné la paix à ses sujets et au monde. Les bas-reliefs évoquent les fastes du règne: les victoires et les conquêtes; la création du canal de Languedoc, qui fut considéré, en son temps, comme une des merveilles du monde; et, par une bravade singulière, la révocation de l'Edit de Nantes, la grande faute et le grand malheur du règne. Tant il est vrai que les hommes ont toujours un coin de passion, et que la passion est une forme atténuée de la folie.

Le regard file droit en passant sous l'Arc de Triomphe. Dans le même axe, il rencontre la statue de Louis XIV et le Château d'Eau; l'ensemble est éblouissant.

Le Peyrou est célèbre. C'est un des rares coins du monde qui ne déçoive pas. L'examen y est d'un ordre trop classique pour qu'il en soit autrement. Tous les effets y sont obtenus par des procédés simples. Commencée en 1689 par d'Aviler, achevée en 1776 sur les plans de Giral et de Donnat, la promenade, construite sur les débris d'une redoute élevée par les protestants dans le temps que Montpellier était leur place forte, connut les vicissitudes d'une longue construction. C'est un vaste rectangle avec des angles abattus; une promenade basse l'enveloppe et forme autour d'elle une sorte de bastion. Le Peyrou est dessiné dans le goût du dix-septième siècle; c'est un tracé géométrique net et précis, d'une suprême aisance.

La statue équestre de Louis XIV date de 1839. C'est un chef-d'œuvre. Elle mériterait, non pas d'être mieux connue, mais d'être mieux comprise. Debay et Carbonneaux, gens médiocres, se surpassèrent. Il arrive qu'un artiste trouve parfois le chemin du génie et ne le trouve qu'une fois en sa vie. Il faut s'arrêter à cinquante pas de la statue et contempler longuement Louis XIV en empereur romain, beau, noble, puissant, vigoureux, étendant sur la cité son geste auguste et pacificateur.

Louis Bertrand a écrit quelque part que Louis XIV était le plus romain des rois de France. Rien de plus juste. Ici le grand roi est vraiment romain, mais il n'est pas que romain: c'est un romain gallicisé, non pas à la manière de Julien l'Apostat, mais d'un Antonin, qui aurait transporté sa capitale à Lutèce.

De plain-pied avec la haute terrasse fouettée d'une bise perpétuelle, se dresse le Château d'Eau hexagonal, avec ses élégantes colonnes corinthiennes. Il n'est pas dans le style du Peyrou. Mais ici, encore, éclate la fragilité des distinctions humaines. Tous les styles se sont accordés et se sont confondus. Le Château d'Eau est si bien à sa place qu'on ne le pourrait situer ailleurs. C'est là qu'aboutit le long aqueduc, semblable à un serpent de pierre. Avec ses deux rangs d'arcades superposées, il traverse la vallée et conduit l'eau de la source Saint-Clément à Montpellier, en la faisant passer sur une série d'arcs de triomphe. Comme il est romain, cet aqueduc! C'est un frère du Pont du Gard; un frère cadet et mineur, sans doute, mais un frère tout de même. Les ondes vivantes, agiles et sonores s'amassent dans le Château d'Eau, et comme il est ouvert de six côtés sur l'azur transparent, le temple de la source est un palais de lumière.

Admirons tout. Admirons sans cesse. La valeur morale des hommes n'est-elle pas en proportion de leur faculté d'admirer? Le Peyrou a d'innombrables beautés; d'abord les beautés matinales. Les jours très clairs — ils sont nombreux en Languedoc méditerranéen — le regard s'étend sur une campagne riche et parée de nombreuses villas. De minuscules foyers de vie suburbaine se montrent parmi les vignes coupées de masses de feuillages, puis la garrigue pierreuse. Le pic Saint-Loup se dresse comme un fer de hache; plus au loin, le mur sévère et classique des Cévennes. Parfois, on voit d'un côté le Ventoux et de l'autre le Canigou. Au sud, la double barre d'argent de la mer et des étangs étincelle avec des teintes d'émeraude et des scintillements d'or.

Un tel paysage est l'abrégé de ce qu'il y a de meilleur et de plus élevé dans le monde, il le faut contempler comme on lit un bréviaire. En ces lieux, le divin est sur la terre: regarder, c'est prier. Force fatale, volontiers bienfaisante, une pensée harmonieuse reflète à cette heure les instincts de l'univers. Le Peyrou, c'est un grand temple naturel.

A midi, la lumière change. Certains contours se précisent et les lointains s'évanouissent. Comme nous tendons les bras avec un ardent désir vers les enchantements de l'éblouissante féerie!

Et le soir, au soleil couchant, le Peyrou prend une autre allure et une autre beauté. La tristesse du jour qui meurt est moins belle que la gloire du soleil qui se lève.

Le Peyrou est noble en toute saison, mais c'est surtout en hiver qu'il faut le voir. Les arbres des jardins dépouillés de feuilles, toutes les lignes sont en relief; ce n'est plus qu'un dessin géométrique, et on connaît alors que les géomètres furent les princes de la civilisation.

Une promenade monumentale comme le Peyrou n'est pas immobile. Le plaisir est de se déplier jusqu'à la racine et de jouir de toutes les combinaisons de l'imagination.

Il serait excitant d'écrire un chapitre sur le Peyrou et la musique. Lorsqu'on est accoudé sur la terrasse du Château d'Eau, les rumeurs de la ville montent parfois entre deux coups de vent, et aussi les sonneries des cloches, la symphonie éternelle. Hélas! est-il une musique qui soit en accord avec le Peyrou? Montpellier n'est pas la ville élue de la musique. On y rencontre nombre de très bons musiciens. En revanche, les mauvais musiciens y sont peut-être plus nombreux, plus convaincus, plus primaires et plus prétentieux qu'ailleurs... Aucun musicien n'a été inspiré, à ma connaissance, par le Peyrou. Quelle musique conviendrait ici? Mozart y serait rococo, Glück pédant, Rameau ennuyeux; feu Debussy n'était pas en accord avec une beauté certaine et le vaniteux Saint-Saëns ne comprit jamais qu'un classicisme d'opéra-comique. Il faudrait la pensée réfléchie et mobile qui fit jaillir le prélude de l'*Or du Rhin.* C'est la seule musique qui, ce semble, ne disconviendrait pas: l'élément primitif, l'un primordial qui grandit, s'étend, conquiert le monde et transporte les âmes pures dans les plaines du Paradis.

En été, sous les

grands arbres, les Montpelliérains viennent respirer ici comme sur un belvédère. Le vent du nord descend pur et tempère les chaleurs de juillet. Observons cette foule. Sans doute la laideur démocratique ne peut pas prendre ici une beauté. Il ne faut pas aspirer à de trop hauts bénéfices. Cependant, il semble que ce peuple soit resté assez bel esprit. Il y a des races si fines qu'elles ne peuvent déchoir tout à fait; la pensée leur est innée, on peut les gâter, mais on ne peut pas les détruire. La politique a fait de nos contemporains des dilettanti et des sophistes, elle n'en a fait ni des sots, ni des muets, ni tout à fait des imbéciles.

Peut-être le Peyrou est-il pour quelque chose et même pour beaucoup dans cette grâce spéciale, par son exaltation supérieure de l'esprit et des sens où l'âme aussi a sa part, l'âme considérée à la manière de Leibnitz, comme un miroir où se reflète l'univers.

LE MUSEE

En quittant le Peyrou pour gagner le Musée, on descend la rue Nationale. Elle est large, droite, bête et prétentieuse. La Préfecture est vulgaire et agréable; c'est un bâtiment administratif, spacieux, suffisamment décoratif, sale et mal entretenu: le Midi dédaigne l'hygiène. Nos préfets ne sont pas des satrapes, il est inutile de les loger comme Darius ou Artaxercès logaient leurs intendants. Avec la centralisation à outrance, le préfet est devenu une sorte de boîte aux lettres, un aiguilleur. Son rôle changera-t-il? Il se peut. Nous nous libérerons de la centralisation dévastatrice; mais alors le département disparaîtra, une province sera constituée et il faut que Montpellier soit prêt à jouer son rôle. Montpellier est à mi-route entre Marseille et Toulouse, donc placé dangereusement. Je prie les Montpelliérains qui, d'aventure, liront ces lignes, d'y songer.

La rue Nationale finit en cul-de-sac sur la

rue de l'Aiguillerie. Prolongée comme le voulait le projet primitif, ce serait une trouée dans des maisons intéressantes, et une chûte sur le boulevard de l'Esplanade: donc une chose désastreuse dont il faut se garder.

On va au Musée par de petites rues étroites et tortueuses. En hiver, on y est abrité du vent du nord, toujours glacé, en été de la chaleur. C'est pour cela que nos anciens construisaient ainsi leurs rues. Avisés, ils aimaient la chaleur l'hiver et la fraîcheur l'été.

Les pavés sont pointus. Pourquoi nos municipalités ont-elles pavé la ville de cette manière barbare? Les rues sont sales. Négligence des habitants, négligence municipale, peu de respect pour les ordonnances de police, trop de nonchalance, trop de bienveillance, trop de bon garçonnisme. Il n'est qu'une manière de mener les hommes: la manière forte. Il faut se faire craindre. « Qu'ils me haïssent, pourvu qu'ils me redoutent », comme disait l'autre. Qu'on chasse les sceptiques. « Il est trop commode, écrivait Fichte, de couvrir du nom ronflant de scepticisme tout manque d'intelligence ». Je songe à ces cités bien tenues, admirées tant de fois en Allemagne ou en Angleterre; je songe aussi à la sévérité sans bienveillance, oh! pas du tout paternelle, de la police allemande et de la police anglaise. Un de mes amis protestant ne me disait-il pas: « Chez ces peuples protestants, la conscience individuelle... » Laissez-moi tranquille, ils ont surtout conscience qu'ils iraient en prison s'ils désobéissaient .

Voici le Musée. Dans ce vaste palais raide et agréable, joua Molière du temps qu'il était comédien du prince de Conti. Retenu en Languedoc par les Etats, Conti fit venir Molière et sa troupe. Elle débutait sous un comédien encore inconnu et dont il aurait fallu une singulière divination pour pressentir le génie. Conti avait-il un penchant particulier pour les comédiens? C'est peu probable, mais sa maîtresse les aimait, c'était une raison suffisante. La belle dame logeait dans son château de Cassan et non à la Grange des Prés. Cassan est loin de Pézenas. Chaque fois que je parcours cette route en automobile — cela m'arrive souvent — je donne un souvenir attendri à cette jeune femme aimable, comme l'étaient alors les maîtresses des grands, et songe qu'avec les lourds carrosses qui ne marchaient guère qu'au pas, les deux amoureux étaient bien loin l'un de l'autre. La distance aiguillonnait leur désir. Plus tard, Conti eut comme aumônier un évêque janséniste qui lui parla de l'enfer. Le prince entrevit un horizon de flamme et des gouffres de soufre, il rompit pieusement avec sa maîtresse et renvoya ses comédiens...

L'escalier de marbre est noble. Ici même, au sommet, disons à la cime, pour être plus original, de ces marches polies, le bon peintre François-Xavier Fabre, assez fier, sans en être vain, de sa baronnie récente, accueillit Madame, en 1829.

A cette heure, les visiteurs sont rares. Au Musée, on est chez soi et combien loin des réalités vulgaires! Quelle joie, ce commerce intime avec des figures affranchies de la vie! L'éternel seul a du prix; mais comme il doit être doux de ne plus être! Il faut rendre hommage à Lucrèce. C'est un empire paisible, celui des formes humaines libérées du conflit humain.

Il est bon de s'anéantir dans la contemplation des toiles: la clarté tiède vient se jouer comme une caresse sur le jeune corps vigoureux d'une déesse... les lèvres closes murmurent... les reflets d'une eau cristalline chatoient dans le lointain... les gammes claires ou sombres se développent en délicieuse harmonie.

Le Musée date de 1801. Il fut créé en même temps que quinze musées français. Il y a une lettre célèbre, signée Marc-Antoine Bazille, qui commence par les mots: « citoyen ministre » et se termine par « Vive la République! », qui en fait foi. En 1801, on appelait encore les ministres « citoyens », mais on ne les tutoyait plus; il y avait progrès, l'appellation « Excellence » n'était plus très lointaine... Mais en somme, c'est Fabre, bon artiste et grand citoyen, qui créa le Musée.

Il le créa de ses dons personnels, de son intelligence, de son talent, et, comme il le rappelle dans une lettre qui ne manque pas d'esprit, il sut intéresser à Montpellier sa belle amie, son Altesse Royale la comtesse Louise d'Albany, née princesse de Stolberg. Il faut avoir un goût très vif pour Mme d'Albany: elle est le personnage principal d'une délicieuse comédie intellectuelle et romanesque. Cette comédie permanente, que nul poète n'a chantée, et qui est mille fois plus intuitive que la *Comédie humaine* et que la *Divine Comédie*. Fabre avait connu la belle dame dans le temps qu'elle était très éprise du comte Vittorio Alfieri da Asti. Alfieri soupira longtemps aux pieds de Mme d'Albany avant qu'elle consentît à couronner sa flamme, comme on disait au bon vieux temps. Lorsqu'ils eurent sauté à pieds joints dans l'amour, Alfieri en eut une telle joie qu'il chanta sa belle amie en des sonnets enflammés, modèle du genre, et fit savoir aux quatre coins du monde ses beautés et ses bontés, ce qui était fort romantique.

En 1825, le Maire de Montpellier, le marquis Dax d'Axat — à cette époque le titre de marquis et les fonctions de maire n'étaient point incompatibles — accepta l'offre de Fabre, héritier de Mme d'Albany. On acheta la maison du chevalier de Massilian pour y installer le Musée, et le roi Charles X voulut bien donner une aimable autorisation. La donation Fabre contenait 224 tableaux, 36 dessins, 72 gravures, 4 marbres, 6 bronzes, 30 plâtres et 11 objets d'art divers. Ce fut en quelque sorte le noyau du musée. C'était un don d'environ quatre cent mille francs, somme très élevée pour l'époque, que Fabre faisait à la ville. Le Musée fut inauguré le 3 décembre 1828, jour de la fête de saint François-

Xavier, patron de Fabre. Plus tard, Fabre donna encore ce qu'il avait gardé de ses acquisitions propres et des collections ayant appartenu à la comtesse d'Albany, dont il avait hérité. Peu à peu, le Musée s'enrichit de dons divers et précieux : Creuzé de Lesser légua deux marbres remarquables de Houdon ; Valedau, une admirable collection, presque aussi importante que celle de Fabre. En 1868, Bruyas offrit au Musée 88 peintures. A sa mort, qui survint en 1876, il léguait, en outre, le reste de ses collections. Dès 1868, le maire de Montpellier, Pagézy, avait décidé qu'une salle du Musée s'appellerait « galerie Bruyas ».

Bruyas est une figure attachante. Il avait voyagé en Italie, fait des séjours à Rome, s'était lié avec Cabanel, avait fréquenté la villa Médicis. S'étant très jeune accoutumé à contempler d'un œil souriant l'éternel mirage des illusions humaines, il fut un amateur éclairé et sage.

A son exemple, peintres ou amateurs tinrent à honneur de léguer au Musée, qui un souvenir, qui une collection. Cabanel laissa en mourant à sa ville natale *Phèdre,* son buste en marbre, ses dessins et ses cartons, sa palette et ses pinceaux. En 1893, Mme Bouisson fit au Musée des dons considérables et précieux. D'autres ont suivi.

La grande qualité du bon peintre Frédéric Bazille fut d'être un amateur. Prenons le mot dans son sens noble, celui des Grecs, si l'on veut. Dans les *Dialogues des Morts,* de Lucien, il y a un terme qui n'est pas tout à fait identique, mais qui est semblable. Il exprime à merveille ce que fut le Montpelliérain Frédéric Bazille. Il précédait son époque. Si l'on préfère, il ouvrait sur l'avenir des portes qui n'étaient qu'entr'ouvertes. Il donnait un coup de genou vigoureux dans les deux battants encore aux trois quarts clos. Son œuvre, celle qui est au Musée de Montpellier, est nombreuse, diverse, plus prenante que ses toiles parisiennes, bien que celles-ci ne soient point sans mérite.

[Un critique d'art m'objecte que sa toile la plus méridionale est au Luxembourg, tant il est vrai qu'en fait d'art et plus spécialement en fait de critique, il est assez malaisé d'écrire en accord parfait.]

Ce qui fait l'originalité, la grandeur, peut-on dire, la commodité du Musée de Montpellier, c'est son universalité. Il est à peu près complet. Presque toutes les écoles de peinture y sont représentées. Un artiste, un amateur d'art peuvent se former à Montpellier. Cette caractéristique du Musée est celle de la ville entière. Montpellier est une ville complète, une petite capitale de province, pas trop grande, belle et gaie. Cette impression, on l'éprouve surtout au Musée, avec un calme et un recueillement que les rues de la ville ne présentent pas.

Mais au fond, ce qu'il faut admirer le plus ici, c'est l'école française. Un philistin peut dire, la chose a même été écrite: « Il n'y a de musique que l'allemande, et de peinture que l'italienne. » Connaît-il Madrid et Anvers? Laissons cela. La France est un pays modéré, ses peintres n'ont pas la volupté des Italiens, la morbidesse rustique des Espagnols, la joie lourde et sensuelle des Flamands. Ils sont à mi-route entre les écoles; placés à un carrefour, ils ont pris successivement toutes les directions, ont vu, ont observé et sont revenus à leur point de départ. Ils ont porté dans la peinture la marque du génie français: goût et mesure. Un peintre français ne s'élèvera peut-être pas à certaines extases, il ne tombera pas dans certains abîmes, il ne se complaira pas dans l'interminable. Aucun des nôtres n'a éprouvé cet élan mystique qu'il a fallu à Rubens pour peindre la *Descente de Croix* d'Anvers. Aucun n'aurait séjourné dans les interminables descriptions picturales de la vie de Marie de Médicis. Il est de mode d'admirer le Gréco. Ne préférez-vous pas notre Boucher? S'embarquer avec Watteau pour Cythère est plus attrayant que descendre dans l'Enfer de Michel-Ange.

Ici, à Montpellier, notre école méridionale a quelque chose de plus italien que la française en général. Voici *Fabre peint par lui-même*, en habit sombre, sur un fond de montagnes, grand col, cravate; il est de trois-quarts, la figure est noble et pleine, la bouche spirituelle et légèrement railleuse, les yeux vifs, une fossette au menton, le front calme, les sourcils arqués et volontaires; c'est l'homme sûr de lui, le peintre qui jugeait de haut toutes choses, l'amour comme l'art militaire. Même décision chez Gleize. Son *Cabinet de Bruyas* est charmant; le cabinet est meublé d'objets d'art, et, un peu idéalisé sans doute; Bruyas porte une robe de chamble bleue, doublée de rose, comme les dandys de l'époque, point ridicule du tout. Au premier plan, une dame assise est vue de dos; elle montre des bras d'un galbe admirable et de belles épaules tombantes.

Le portrait de Canova par Fabre est d'une rare beauté. Il y a plusieurs portraits de Bruyas. Le plus intéressant est celui de Delacroix. Il a peint peu de portraits, seulement pour des parents ou pour des amis intimes. Après celui de Bruyas, il n'en fit plus d'autres.

Il faut s'arrêter devant les portraits de Matet. Sa réputation, plus que montpelliéraine, est cependant insuffisante. Il sait observer et il sait peindre. Derrière les formes sensibles, il voit la vie intérieure; chez lui, la pensée troue le tableau. Son dessin est austère sans être géométrique, on voit qu'il a travaillé sous les grands maîtres. C'est un romantique qui a su comprendre les disciplines classiques et les utiliser.

Les Montpelliérains aiment Cabanel. C'est une gloire locale, ce fut un moment une gloire française. Sans doute, il est facile de railler: froid, ennuyeux, « pontife », pour ne pas dire « pompier »: et cependant!... Sa *Phèdre*, trop célèbre et trop vantée, est une affiche-réclame. Mais il y a un autre Cabanel, celui des portraits. Le sien, d'abord, puis celui d'Alfred

Bruyas, et surtout le portrait de Mme Louise Marès. Il est de 1851, le maître était très jeune, il avait vingt-huit ans. Il y a dans cette toile une vigueur et une grâce étranges.

En somme, Cabanel fut un mainteneur de la pensée française. Il défendit au bon moment, sous le Second Empire, le style classique. Classique, il l'est jusqu'aux moelles. Il n'aurait pu peindre une chose qui ne fût saine et bien équilibrée. Certes, son style fut toujours supérieur à sa pensée. Gœthe aurait dit qu'il lui manquait un peu de « démoniaque ». Arrêtons-nous maintenant devant sa Vénus... un grand peintre tout de même.

Admirons les vaches et les paysages du Bordelais Brascassat. Quelle fraîcheur et quel charme! Même auprès des paysages de Corot, Brascassat ne s'effondre pas. Et, cependant, quel enchantement dans cet *Effet du matin* par Corot! Un bouquet d'arbres, une mare avec une vache, cette buée légère, cette rumeur vaporeuse dont le maître avait le secret. C'est par un matin pareil que l'on voudrait voir danser des nymphes. Mais, hélas! les nymphes ne dansent plus.

Un portrait d'Alphonse Leroy par David. De la peinture solide. Cet art a des bases et des limites, trop de limites, peut-être.

Une toile de Doré. Le maître voyait dans les objets des lignes, non des taches, et considérait la couleur comme un vêtement surajouté, un simple complément; c'est pourquoi il est si maladroit le pinceau à la main.

Un Delacroix. Un plein jour heureux, de l'élan, de la furie!

Dans les grandes salles un écho de pas. Des visiteurs. A Paris, les amoureux se donnent rendez-vous dans les musées. Ils sont si vastes! Par qui est-on connu à Paris? Ici, les dimanches et jours de pluie, quelques Montpelliérains de bonne volonté gravissent le grand escalier, parfois des soldats qui n'ont pas le sou pour aller au café. Les jours de semaine, peu de monde. Des étrangers, un guide à la main, des Anglais retour de la Côte d'Azur, des Espagnols, dont le patriotisme s'émeut devant la splendeur de nos Ribera. Pour le moment, ce sont des visiteurs quelconques, un homme gros et lourd, deux femmes indifférentes, un gamin les suit. L'enfant est attiré par un paysage de Joseph Vernet: *La Foire de Beaucaire*. Les détails l'amusent: une grande barque qu'on décharge, deux cavaliers, une paysanne à cheval, au loin cette foule mouvante qui se presse à l'entrée du faubourg. Les deux femmes ont suivi le gamin et font des réflexions cocasses. Soyez donc membre de l'Académie de peinture et favori de Monseigneur l'Abbé Terray, ministre d'Etat, contrôleur général des finances, pour que vos chefs-d'œuvre inspirent d'aussi sottes réflexions!

Comment un paysage de Ruysdaels est-il venu jusqu'ici? C'est une toile très calme. Une rivière coule en cascades sur un barrage de rochers; à droite et à gauche des bouquets de chênes, à travers les arbres on voit une plaine, le ciel est nuageux. Il y a là une poésie intime et tendre. C'est quelque chose de recueilli et d'un peu mystique, avec des sensations intérieures qui ne sont pas de chez nous.

Que de fois me suis-je arrêté devant le tableau de Michel-Maximilien Leenhardt: *Les protestantes prisonnières dans la Tour de Constance, à Aigues-Mortes.* Cette vue tragique qu'on a du haut de la Tour de Constance, Leenhardt l'a saisie et elle étincellera perpétuellement dans sa toile célèbre. Ce ne sont que quelques lignes et quelques traits; on voit à peine le paysage au sommet du parapet. Mais avec une brièveté superbe l'essentiel a été noté. Ce n'est pas que j'aime tout dans cette émouvante composition. Les femmes sont un tantinet raides, la meilleure est celle qui est debout, montrant le ciel de la main, exhortant à la résignation. Au premier plan, à gauche, une vieille dame, grande dame ou tout au moins de bonne bourgeoisie, appuie sa main gauche sur une canne, son bras droit enlace les épaules d'une paysanne qui soutient son enfant; c'est d'un effet surprenant. « C'est une toile de guerre civile », disait, paraît-il, Maurice Barrès. Maurice Barrès était Lorrain et, plus, encore, Parisien; il connaissait les guerres de religion par des livres lointains, n'avait jamais vécu au milieu de ceux dont les ancêtres y jouèrent leur partie. Il était des choses que ce génie si fin et si limité ne comprenait pas. Nos guerres religieuses lui apparaissaient comme un accident, déplorable sans doute, mais comme un accident lointain. Même son séjour à Aigues-Mortes, du temps où il écrivait *Le Jardin de Bérénice,* ne lui avait pas ouvert les yeux...

Chassons ces fantômes. Pierre de Nolhac fut profondément ému par le Musée tout entier, et plus encore par les portraits de Sébastien Bourdon. C'est un des nôtres. Sébastien Bourdon naquit à Montpellier et fit une étrange et belle carrière. Il faut tenir cet homme pour un prodigieux artiste, en observant que nos plus grandes lumières sont intimement mêlées à nos plus grandes heures d'erreur. Paul Valéry a dit quelque part que le mal de prendre une métaphore pour une démonstration naît avec nous.

On doit à Sébastien Bourdon notre Académie Royale de Peinture, et la reine Christine de Suède l'honora de son amitié.

« Il faudrait agrandir ce Musée, me dit le gardien-chef, que de toiles roulées qui attendent ! » Je me retourne : « Et que de croûtes sur vos murs, mon brave ami. » Parmi tant de chefs-d'œuvre, il est des toiles innommables. Comment a-t-on pu perdre d'aussi bons châssis et d'aussi belles couleurs ! C'est dans la peinture presque autant que dans la musique qu'on mesure l'imbécillité humaine. Aux envois solennels venus de Paris, prétentieux et bêtes, comme est supérieure telle toile de nos peintres languedociens ! Ce *Portrait de dona Marioun,* comme on disait à l'ancienne mode, une bonne femme du peuple que Marsal peignit voici quelque cinquante-cinq ans. Elle est solide, cette peinture, sobre et juste! Elle est tout-à-fait de chez nous cette bonne vieille paysanne. Elle est humble et on la sent fine et très fière intérieurement.

Voici le salon Valedau, les écoles allemandes et hollandaises. Il y a là de purs chefs-d'œuvre. Une *descente de Croix,* des *Bords de la Meuse* adorables de Cruyp, et *l'Enfileuse de perles,* par Miéris le Vieux, avec des jets de lumière étourdissants....

Arrêtons-nous devant *Sainte Marie l'Egyptienne,* telle que l'a conçue le chevalier Joseph de Ribera. Le maître habita, pendant un temps, Montpellier et on l'y appela couramment « l'Espagnolet ». *Marie l'Egyptienne,* c'est l'image de la mort et de la résignation soutenue par la foi, une résignation désespérée. Elle est décharnée, presque squelettique. Devant elle, sur un rocher, un morceau de pain et une tête de mort... puis rien... en arrière un ciel sans nuage. Il faut s'incliner bien bas devant ce chef-d'œuvre, encore que, peignant à l'huile de noix, Ribera ait vu ses couleur s'assombrir. Ce catholicisme espagnol épouvante!

L'école italienne est ici plus pauvre que l'espagnole. Un portrait par Raphaël, célèbre et unique, bien que contesté. C'est, dit-on, le portrait d'un neveu du pape Léon X, un beau jeune homme avec une barbe naissante. Raphaël l'acheva-t-il, un de ses élèves y a-t-il travaillé? C'est possible. Raphaël était un bel animal souple et délié, doué de pensées et de mouvements.

Un Tiepolo intéressant, un Zampieri et un Véronèse de second ordre, puis d'autres toiles acceptables.

Il est difficile d'atteindre les sommets en peinture, c'est un art trop précis; la sensibilité moderne préfère la musique, c'est normal. La musique exprime des choses à demi-conscientes, ou du moins qui ne sont pas arrivées à une pleine conscience. Le musicien peut nous duper à son gré, il peut, à volonté, être inspiré ou ne pas l'être, nous ne nous y reconnaissons pas toujours. Le peintre ne saurait user de pareils prestiges. Il a sa ligne et sa couleur, et les lois impérieuses de l'esprit et de la pensée le gouvernent et le commandent. « Prenez garde, disait un jour Déodat de Séverac, c'est le procès de la musique que vous faites. Souvenez-vous de ce qu'a écrit Ronsard, et après lui Shakespeare, qui l'a sans doute pastiché. » Je n'ignore ni Ronsard, ni Shakespeare... mais... mais... étaient-ils sincères?

Pas de Vinci à Montpellier, c'est un grand sujet de tristesse. Chez cet homme, tout était divin... et humain. En l'absence d'un témoignage matériel de son génie, évoquons sa pensée. Nul mieux que lui n'a étudié et aimé le corps humain et il ne voulut pour ainsi dire pas le séparer de l'âme. Ou plutôt, il pensa que l'âme — essence divine — ne se sépare du corps qu'à l'heure de la mort.

Des statues, des objets d'art, un marbre émouvant du sculpteur Injalbert, des dessins prestigieux qui dispersent l'esprit, et deux torchères Louis XVI, aptes à éclairer les lectures tardives d'une noble et belle dame. J'ai noté l'impression de Pierre de Nolhac devant le portrait de Bourdon, je l'ai vu pareillement impressionné par les Greuze. Comme il est bien de chez nous, ce Bourguignon patriarcal et mordant. *Le Gâteau des Rois* est célèbre. *La jeune fille en prière* est d'un coloris plus sûr... Trop souvent, l'effet a un but ornemental et l'œuvre devient un instrument propre à impressionner le public. Une telle conception est à la peinture ce que la mathématique est aux sciences expérimentales.

Et à chaque nouvelle visite, ce sont des portraits nouveaux qui sollicitent. On croit les connaître, on les a déjà vus, on n'en a pas saisi toute l'expression. *Fontenelle,* par Rigaud, avec ses yeux noirs légèrement bridés, la balafre de son front, le calme souriant de son visage ironique et sûr de lui. Tel fut Fontenelle, tel Rigaud l'a campé pour les siècles. *Tassaert par lui-même* grave et incisif. Et, plus loin, un Courbet célèbre : *La Rencontre,* le fameux *Bonjour, Monsieur Courbet.* Bruyas, suivi de son valet de chambre, est en promenade dans les environs de Montpellier ; il rencontre Courbet ; le peintre chemine en plein soleil sur la route blanche, en bras de chemise, pantalon de coutil blanc, guêtres de toile, pique dans la main droite, feutre gris à la main, sac au dos. Bruyas salue d'un geste large et le valet de chambre s'incline profondément. Courbet, démocrate et révolutionnaire, farouche égalitaire, a bien voulu marquer dans cette toile qu'il existait tout de même un abîme entre un humble valet de chambre et un artiste de sa valeur. Ce grand peintre était d'une rare bêtise, il en transparaît quelque chose dans ses toiles. Il produisait des œuvres d'art comme un pommier produit des pommes, sans savoir pourquoi.

Le portrait de Mme Crozat eut de singulières vicissitudes... On l'a donné pendant longtemps comme celui de Mme Geoffrin par Chardin; il s'agit en réalité du portrait de Mme Marie-Marguerite-Antoine Crozat, marquise du Châtel, par Jacques-André-Joseph Aved. C'est une femme sur le retour, au nez aquilin, aux yeux bruns, vifs et prenants; la bouche est petite et légèrement mutine. Elle est assise dans une grande chaise à dossier rouge, dans le ton du milieu du dix-huitième siècle, date du portrait. Devant elle est un métier à tapisserie; dans la main droite, elle tient des bésicles d'or. Elle est vêtue d'une jupe de soie blanche et d'une robe de chambre brodée d'une large bande d'or. Elle porte au cou une cravate de dentelles, un médaillon de pierreries, elle est coiffée d'un bonnet de riches dentelles. C'est une des plus belles toiles du Musée. Aved ne s'engageait pas toujours sur la route qui monte, cette fois, il est allé droit au but, il a fait un chef-d'œuvre... Lorsqu'un homme a fait un chef-d'œuvre, sa vie a été bien remplie. L'homme n'est pas « la cause » de l'œuvre, il en est l'effet. Mais la biographie est plus aisée que l'analyse...

Un groupe de visiteurs avance à pas rapides. Ils vont au salon hollandais : Téniers les arrête. Quand on débute dans la peinture, Téniers exerce un attrait irrésistible ; plus tard, à la réflexion, on voit les défauts de ce grand homme. N'importe, il reste toujours prenant. A Montpellier, peut-être plus qu'ailleurs, parce que très loin de sa patrie, il apporte sous notre ciel méditerranéen sa note étrange d'exotisme flamand.

L'ESPLANADE

Elle est belle par ses proportions, intéressante par ce beau paysage qui monte radieux et souverain lorsqu'on regarde vers les coteaux de Castelnau. Toujours des impressions à demi-toscanes. Ce n'est pas tout-à-fait la Toscane, ce n'est pas Florence, il y manque les montagnes très proches, les longues haies de cyprès noirs, le contraste des puissants massifs d'oliviers au feuillage argenté; et cependant! C'est le portique de l'enchantement toscan, un beau prélude.

Cette longue promenade est aimable, de belles maisons la bordent: la façade du Musée cossue et banale, le Lycée sombre — il a l'air d'une prison — c'est un ancien collège de Jésuites; puis les vieux et riches hôtels des grandes familles montpelliéraines, dont les jardins descendent jusqu'à l'Esplanade. Ces hôtels ont tous une histoire. Il en est un, l'hôtel Durand, qui porte, sur sa façade du midi, un boulet de huit profondément incrusté. C'était en 1815, pendant la folie des Cent-Jours, qu'il le reçut.

Notons le kiosque Bosc, bien placé, très moderne, un petit chef-d'œuvre.

On a beaucoup dénigré le jardin qui sépare l'Esplanade de la Citadelle, planté sur l'ancien Champ de Mars. C'est une injustice. Ce jardin est agréable. L'Esplanade l'est aussi. L'un et l'autre ont leur utilité: les enfants jouent en toute saison dans le jardin; sur l'Esplanade, deux fois l'an, se tient une foire de plus en plus réduite. Aujourd'hui, les foires ne correspondent plus à rien et, pour modifier la formule classique, « elles ennuient les parents » et il n'est pas très sûr qu'elles distrayent les enfants.

Le Monument aux Morts est heureux. A demi-circulaire, de style néo-grec, moins prétentieux et moins banal que tant d'autres monuments. Hélas! on n'en peut dire autant des statues qui surgissent çà et là au détour des massifs. Ce sont des œuvres misérables, bonnes à jeter dans quelque fossé. « On pourrait les réduire en poudre et en faire du ciment », fait observer un esprit pratique.

Le comble de la laideur, c'est le monument d'Auguste Comte. Ce pauvre Auguste Comte eut de singuliers destins!...

Dans les républiques sud-américaines, tout particulièrement en Bolivie, sur ces plateaux désolés où les lamas paissent une herbe rare et rase, on trouve encore — étrange merveille — quelques positivistes. De temps à autre, à de longs intervalles, ces positivistes s'assemblent; les plus fortunés descendent vers les rivages du Pacifique, s'embarquent, et à travers les océans et les mers orageuses viennent faire visite à la ville où naquit leur dieu. Ces braves gens (les positivistes sont de très braves gens, et bien qu'ils soient très excités et m'aient égratigné en de nombreux articles, je ne leur en veux pas du tout), ces braves gens, après un long et héroïque voyage, arrivent à Montpellier et pensent que cette ville est pleine des souvenirs d'Auguste Comte. Hélas! rares sont les gens qui peuvent leur indiquer la maison où, voici quelque cent trente ans, leur maître vit le jour. Comte est né ici par accident, sa famille n'était pas montpelliéraine. Les pieux pèlerins gagnent alors le jardin de l'Esplanade. Là, ils contemplent un monument qui semble défier la bêtise humaine: une Pallas décharnée, inhabile à la paix, inhabile à la guerre, un travailleur ressemblant assez au fainéant robuste cher à la démocratie. Cet homme fait songer à ce soldat-laboureur des utopistes de 1848, et dont on a pu dire :

Il avait la charrue et l'épée en horreur...
C'était ce qu'on appelle un soldat-laboureur.

Une femme, vêtue de ses longs cheveux et dont les « appâts », comme on disait au grand siècle, n'ont certes rien de tentant, semble pleurer sur la décadence de la statuaire française. Elle est si laide qu'on la voudrait voilée de la tête aux orteils. Au sommet, le buste du maître : il incline sa tête pensive et chauve et semble contempler de ses yeux vides le naufrage de ce bateau romantique qu'on nomme le positivisme.

Certes, quelques très grands esprits ont été positivistes. Mais les doctrines les plus ridicules ont eu des adeptes, les hommes de génie ne détestant pas le paradoxe.

Ce pauvre Comte ! Cette vie misérable et triste coupée par une attaque d'aliénation mentale (ce qui explique bien des choses), cette adoration de Mme Clotilde de Vaux ! Humbles choses et grande misère ! Voilà un homme qui n'a voulu s'occuper que des faits et de leurs relations. Il n'a admis qu'une seule expérience, celle des sens ; or, sa loi des trois états est un défi à la raison. Et lorsque, à partir de 1845 — il avait été fou dans l'intervalle — il veut tirer une religion de sa méthode, son adoration de l'humanité, son organisation de la société par la science, sa théorie de la vierge mère, forment un fatras vague et sans ressort. Certes, Saint-Simon a beaucoup marqué Comte, mais au fond de tout ceci il y a le kantisme. Il y a les radotages sublimes du vieil enchanteur de Kœnigsberg. Je préfère cent fois Kant à Auguste Comte. Mais quand on pense que le vieux Kant, après avoir travaillé et médité toute sa vie, appliquant ses idées avec une inconcevable rigueur, a abouti, quelques jours avant sa mort, avec toute sa dialectique de génie, au *Pater,* que sa mère lui apprenait lorsqu'il était tout petit enfant, ceci ne marque-t-il pas le néant de toute philosophie? Au fond, il n'y a de haute philosophie que dans le christianisme. Avant le Christ peut-être? et encore! Mais depuis les Evangiles et depuis la Passion, il n'y a qu'une grande pensée: la pensée chrétienne.

Le vieux Kant écrit dans un bel allemand. S'il ignorait beaucoup de choses, il a pris la peine d'apprendre sa langue. Comte bafouille la sienne. Il n'écrit qu'avec des adverbes.

Il est temps de descendre vers la tranchée du chemin de fer, d'examiner la Citadelle : elle n'a rien de bien saillant; c'est une citadelle quelconque; mais, par la grâce de l'enchantement montpelliérain, la voilà en harmonie avec le paysage.

Au pied de la Citadelle, sur la façade ouest, a lieu le Concours hippique au mois de mai, et en toute saison on y joue au tennis. Il y a là une grande allée avec de beaux platanes qui ombragent deux courts suffisants (suffisants, mais pas autre chose). Les hautes murailles de la Citadelle et les beaux arbres offrent des coins alternés de soleil et d'ombre qui conviennent aux cœurs tumultueux et passionnés.

LE MONUMENT

En haut de ce tertre qui domine le jardin de l'Esplanade, entre la verte pelouse et les hauts platanes feuillus, s'érigent les blanches colonnes de ce monument tout neuf, la plus récente parure de la cité.

Douces colonnes aux
Chapeaux garnis de jour,
Ornés de vrais oiseaux
Qui marchent sur le tour...

Les beaux vers de Paul Valéry montent spontanément aux lèvres devant l'émouvante et sobre colonnade que Montpellier doit à l'architecte Léon Février.

Lorsque Montpellier ne sera plus, dans quelques dizaines de siècles, qu'un lamentable tas de ruines, celle-ci, que le soleil aura mûrie et dorée, que la forêt grandie des platanes enlacera plus encore qu'aujourd'hui, sera l'une de celles dont les archéologues pourront le mieux se prévaloir pour démontrer que les Montpelliérains avaient du goût et le sentiment de la beauté.

Si Montpellier, comme il est plus réconfortant de le prévoir, dure encore et florit dans quelques dizaines de siècles, ce monument, mieux que d'autres, fera connaître à nos arrières-neveux les qualités éternelles de l'âme montpelliéraine.

Combien fût heureusement inspiré l'architecte qui, en dédiant cette colonnade aux morts glorieux d'une guerre victorieuse, ne la voulut point triste, ni affligeante, ni funèbre ! Comme il a bien compris le sentiment dans lequel sont morts ceux qui sont honorés là, quand il a bâti un monument, non point de deuil, mais d'espérance, — quand il l'a voulu placer, non point dans un cimetière, mais dans un jardin, non point à l'écart et presque à l'abandon, mais tout auprès de ces allées qui attirent chaque jour des foules joyeusement empressées.

Que portez-vous si haut,
Egales radieuses?

Ce sont les noms des pays lointains où moururent nos enfants pour que ce pays vive. Ce serait les trahir que de laisser désormais déchoir et se perdre cette ville, pour le salut et la gloire et la prospérité de laquelle ils se sont sacrifiés, — printemps sacré de qualité précieuse, dîme sanglante payée au barbare Moloch.

Deux mille enfants de Montpellier, un pour quarante habitants, un pour dix de nos jeunes hommes...

Douces colonnes, ô
L'orchestre des fuseaux...

Il faut que votre chœur harmonieux dans le ciel si clair de notre patrie chante leur gloire pendant des siècles et des siècles, au milieu d'une ville agréable et prospère grâce à leur sacrifice, vivante grâce à leur mort, et qui sache jusqu'à la consommation des temps redire dans son histoire, dans ses légendes, dans ses cantiques et dans les leçons qu'elle donne à ses enfants, ce qu'elle doit à leur dévouement admirable.

Vous nous y aiderez, colonnes, chantant avec votre poète — avec notre poète Paul Valéry :

Nous marchons dans le temps,
Et nos corps éclatants
Ont des pas ineffables
Qui marquent dans les fables...

NOTRE-DAME

On est moins sévère aujourd'hui qu'autrefois pour le style « jésuite ». Cela nous permet de trouver quelque beauté à cette église Notre-Dame, que l'on rencontre sur une place étroite, parmi les vieilles rues de Montpellier.

C'est l'ancienne chapelle d'un collège de Jésuites, dont les événements ont fait une paroisse au lendemain du Concordat. Elle est harmonieuse et claire, et richement décorée. Le stuc recouvre ses parois ; la chaire est une profusion de marbres ; la table de communion marie l'albâtre, le marbre et l'onyx.

C'est une église riche, ses paroissiens comptent parmi l'élite de la cité ; le banc d'œuvre est presque un salon.

C'est une église touchante ; dans la grande chapelle latérale, la Vierge protectrice de la ville, Notre-Dame-des-Tables, sous sa couronne de pierreries, reçoit l'hommage fervent des fidèles.

Hommage d'autant plus fervent que cette Vierge, vénérée là, n'y est pas à sa vraie place. Avant d'être recueillie et comme hospitalisée dans cette chapelle bâtie pour d'autres dévotions, elle eut, pendant des siècles, son église bien à elle, au cœur vivant de la ville, entre la maison consulaire et la Loge des marchands, en ce point favorable d'où Montpellier avait grandi autour de son sanctuaire.

Les révolutions ont des retours singuliers; les vieilles querelles entre les citoyens ont des répercussions lointaines. Les protestants, quand ils furent les maîtres à Montpellier, avaient démoli Notre-Dame-des-Tables. Le Grand Temple qu'ils avaient élevé a disparu sous la place de la Préfecture. Notre-Dame rebâtie fut de nouveau détruite en l'an II; une halle fut élevée d'abord sur ses ruines; une place a aujourd'hui remplacé la halle et l'église.

Au milieu de la place, un Jean Jaurès de bronze fait le geste de parler, proclame la souveraineté du verbe. Autour du Jaurès de bronze et sous la protection de son geste oratoire, de petits marchands, tous les matins, dressent leurs étalages, — comme jadis les grands marchands de Montpellier dressaient leurs tables de changeurs autour de Notre-Dame-des-Tables.

La statue de Jean Jaurès attire moins de pèlerins que la nouvelle église Notre-Dame. Sous la statue de Jean Jaurès, la Société Archéologique entretient, dans la crypte de l'ancienne église, un musée lapidaire que personne n'a l'idée d'aller voir...

LA CATHEDRALE SAINT-PIERRE

Vue du Peyrou, ses tours sont intéressantes et sa toiture hideuse. Quel est le misérable qui l'a coiffée ainsi? Vu de près, lorsqu'on arrive en longeant la façade à demi-médiévale de la Faculté de Médecine, l'étrange porche du XIVe siècle, avec ses deux piliers cylindriques et massifs, coniques à leur extrémité et qui soutiennent à la hauteur de la nef une voûte sur croisée d'ogives, est étrange et singulier. Il donne une impression de barbarie disciplinée. A la longue, après plusieurs visites, on devient amoureux de ce porche.

Au-dessus de la cathédrale, quatre tours, dont une a une histoire.

L'église est une ancienne abbaye bénédictine, fondée par le Pape Urbain V en 1364, et maltraitée pendant les guerres de religion.

Sur la façade orientale est un beau portail dont le tympan a été magistralement traité par Baussan. Il représente une scène de la vie de la Vierge. Dans l'intérieur, une Vierge en marbre blanc est assez émouvante; on y voit aussi un tableau de Sébastien Bourdon acceptable; le reste est quelconque. Les orgues sont mauvaises. L'acoutisque de la cathédrale ne vaut pas grand chose. Le cardinal de Cabrières en avait fait une étude spéciale, et lorsqu'il était en chaire, ce qui lui arrivait souvent, car il était bon orateur, il lançait ses phrases d'une manière particulière et parvenait à se faire entendre.

La cathédrale a cent mètres de long. Jadis, le vieux prêtre qui nous faisait le catéchisme nous apprenait que l'arche de Noé était deux fois plus longue. Cette comparaison nous impressionnait beaucoup. En somme, biscornue, étrange par la place qu'elle occupe dans un ancien ravin, bizarre par ses deux piliers massifs devant le porche, la cathédrale n'en est pas moins une des beautés de Montpellier. Tant il est vrai que, dans un ensemble, bien des choses deviennent des beautés.

La Tour des Pins, sur le boulevard, est à quelque deux cents pas. C'est un reste des anciennes fortifications de Montpellier. Elle est hautaine et vénérable, on l'a restaurée avec assez de piété. Elle est surmontée par deux cyprès, c'est pourquoi on l'appelle la tour des Pins. Une légende dit que l'existence de la ville est liée à la vie de ces arbres... Si nous en croyons les botanistes, les cyprès deviennent très vieux.

Au pied de la tour, le maître Baussan a son monument, agréable et ingénieux, dû au ciseau de Raoul Dussol.

LE JARDIN DES PLANTES

Son emplacement est heureux. Le jardin se présente entre le Peyrou et les bâtiments de l'Ecole de Médecine. Il fut fondé par Henri IV : une inscription le rappelle. Dans cette ville qui a souffert des guerres de religion, il fait bon lire le nom du roi de l'Edit de Nantes. Le nom seul du grand Henri crée une atmosphère de paix intelligente. Il détesta la guerre et y fut fort adroit, il aima l'amour et n'y fut pas trop maladroit, il aima pardessus tout son pays, dont il assura la gloire et la prospérité. C'est, en somme, un des plus grands hommes de l'histoire, un des esprits les plus équilibrés de notre pays. Il voulut passionnément le bien public, sut être tolérant et fut peut-être un tantinet sceptique, chose rare chez les hommes d'action. Sans doute Michel de l'Hôpital, avant lui, avait rêvé cette grande et magnanime tolérance ; mais Michel de l'Hôpital, âme haute et sereine, était un Chancelier du royaume, solennel et ennuyeux, au lieu que le bon Henri savait forcer une armée dans ses retranchements et une belle dans son alcôve.

Ce Jardin des Plantes est aimable et évoque un monde de souvenirs. Vous souvenez-vous des livres de votre enfance? Lorsque vous lisiez leurs titres derrière les vitres d'une bibliothèque, votre pensée ne s'envolait-elle pas, grâce à l'enchanteur Jules Verne, en Australie avec les enfants du capitaine Grant, au Pôle Nord avec le capitaine Hatteras, au centre de la terre avec Otto Lindenbrock? Ne vous enfonciez-vous pas dans l'immensité des mers à bord du *Nautilus?* N'avez-vous pas rêvé d'une île encore plus mystérieuse? Et voici que dans ce jardin chaque arbre, chaque plante porte, inscrits sur un rectangle, son nom, son origine, et souvent un tracé sommaire à la peinture rouge, indiquant en quelle partie du monde on la trouve. En parcourant ces allées ombreuses, notre imagination peut vagabonder en tous les points de la planète, au Liban sous l'ombrage des cèdres, en Californie, en Australie, en Asie Mineure et ailleurs...

Dans les allées, des bustes de marbre avec des noms, les uns illustres, les autres tombés dans l'oubli. Ce sont les bustes des professeurs et des savants, dont l'Université se fait gloire.

Les touristes qui se respectent vont faire visite au tombeau de Narcissa. Il y a là une légende d'un paganisme très britannique. Autrefois elle faisait verser des larmes — et aujourd'hui ?...

Les grandes serres sont amusantes avec leurs plantes exotiques ; quelques-unes sont bizarres et ont de curieuses histoires.

Le Jardin des Plantes est calme, on y est à l'aise auprès d'une interlocutrice délicate. Il est déshonoré par un monument élevé à la gloire de Rabelais. Heureusement, le monument a été sculpté dans de la très mauvaise pierre ; bien qu'il ne soit en place que depuis six ans, l'humidité le dévore déjà et tout porte à croire qu'il ne durera pas longtemps, ou du moins qu'il sera suffisamment ravagé pour qu'on ne puisse rien retrouver de l'œuvre du sculpteur. C'est la grâce que je souhaite à Rabelais et au maître qui eut le malheur d'élever son image.

Rabelais fut à cette occasion célébré solennellement à Montpellier. N'ayant point assisté à ces fêtes, elles ne me rappellent rien. Dans le même temps, nous avons eu le septième centenaire de l'Université de médecine, fêtes magnifiques et émouvantes, et le jubilé de Dante qui fut calme, grave et recueilli comme il sied. On n'imagine pas une comparaison entre l'Homère du christianisme et ce Rabelais, prosateur rubicond et obèse, amoureux de la dive bouteille, dont l'imagination fut vive et le talent âpre.

Du Jardin des Plantes on entend le son des cloches de la Cathédrale toute proche. Dans la paix du jardin, le son des cloches apporte des pensées sereines et qui ne passent point, quelque chose de solide, une réalité.

Dans les allées, des enfants jouent, insensibles aux sonneries des cloches. Ils ne sont accessibles qu'à un seul signal, celui qui interrompra leurs jeux. Peut-être la vie ne vaudra-t-elle vraiment la peine d'être vécue que le jour où l'humanité imbécile aura compris qu'elle est un jeu perpétuel... pas même un jeu tragique.

LES FOLIES

Dans les faubourgs de Montpellier on trouve nombre de Folies. Ce sont ces maisons élégantes, discrètes et galantes, que les gens du commerce enrichis, les partisans et les financiers de l'ancien régime faisaient construire pour y abriter leurs amours. En ce temps-là, les femmes incendiaient la conversation, l'esprit familier et la politesse. Les mœurs s'assouplissaient. Un charmant ami écrivait à Saint-Evremond : « C'est un grand péché que de se priver d'un plaisir. » Alors, les dames qui consentaient à se laisser aimer avaient des exigences. « Je n'ai jamais vu une femme mourir d'amour, disait Rivarol, mais j'en connais beaucoup qui en vivent ». Ces belles dames voulaient des logements somptueux, et alors qu'on se contente aujourd'hui d'une assiette de biscuits et d'un verre de madère, elles désiraient un faisan à la broche.

Ces Folies sont des maisons discrètes, aucun signe extérieur ne les doit révéler. Un simple mur et quelques fenêtres minuscules sur une rue étroite, une grande porte qui pourrait être celle d'un entrepôt. La porte franchie, un beau vestibule, décoré d'ordinaire à l'italienne et, toujours dans la manière italienne, une véranda et une pergola sur le jardin. La vraie façade de la Folie, on ne la voit pas. Elle est semblable à une belle qui abrite son joli visage sous un masque de velours. Pour contempler les traits, il faut soulever le masque. Ces Folies, il faut les connaître et les visiter. Les propriétaires montpelliérains sont d'ordinaire complaisants, ils montrent volontiers leurs demeures, non pas ostentation, mais par amabilité. Et il en est de si charmantes! A côté de décorations italiennes, que de tableaux insidieux dans le genre du dix-huitième siècle! L'école de Montpellier a aussi sa manière, ce sont des scènes galantes: un premier plan qui pourrait être d'un élève de Boucher ou de Watteau, des déesses à demi-vêtues, des Amours, des Grâces, ou bien Arlequin qui prend la taille de Pierrette. Mais le fond du tableau reste classique. Il est traité dans la grande manière italienne: un ciel bleu et profond sans nuages, des montagnes lointaines, aux arêtes géométriques, et des pins parasols qui inclinent leurs bouquets verts sur la barre lumineuse de la mer.

Dans les jardins, de grands vases d'Anduze où fleurissent, à la bonne saison, des lauriers-roses et des orangers. Il faut voir un de ces hôtels en été, à la fin du mois de mai, un soir de fête. Des lanternes vénitiennes luisent dans les arbres du jardin comme de gros vers luisants aériens. Les salons sont ouverts de plain-pied sur les vérandas. Par les portes ouvertes, car il fait chaud, la brise marine, lente et parfumée, glisse.

Sous les lustres, des tables de bridge; on danse dans les galeries: les éclats de rire frais des danseuses ponctuent l'étreinte voluptueuse des danseurs. Des couples passent en causant sous les grands arbres. Evidemment, les hommes sont en smoking et les femmes ne portent plus le masque. Et cependant nous sommes très près du dix-huitième siècle ou de l'Italie de la Restauration. Un soir, pendant une de ces fêtes, j'ai cru voir des ombres, Stendhal et une belle Milanaise. Ils étaient arrêtés sous un grand platane. Ma parole, je crois qu'ils parlaient d'amour.

Ce seraient des fêtes adorables sans la musique. Je vieillis, je le sais, et ne puis m'accoutumer à cet horrible jazz, à ces instruments infernaux, à cette musique nègre. Ici, ce soir, dans cette nuit limpide et sous ces beaux arbres, criblés d'étoiles jusqu'au faîte, ne voudriez-vous pas entendre des voix de femmes soutenues par des violons, des harpes et des flûtes? Les jeunes gens et les jeunes filles me répondent que je radote, qu'en musique ils sont plus compétents que moi, que les gavottes de Glück ont fait leur temps comme la reine Marie-Antoinette a fait le sien, et qu'il n'est d'airs de danse que ceux qui naissent sur les bords du Potomac ou du Missisipi...

Près des Folies, de misérables taudis humides, sans air et sans lumière. Comment les riches peuvent-ils jouir sans remords de leurs richesses, tandis qu'ils sont obligés de se voiler la face devant la misère d'une portion de leurs semblables?

Que faire?... Elever, civiliser?... Les progrès de la science, le développement du bien-être? L'esprit humain sera-t-il réellement libre quand il sera affranchi des nécessités matérielles? Nous ne vivons pas... nous espérons vivre. Pascal a montré le cercle vicieux nécessaire à la vie positive. Le recours au Christ... avec Pascal... comme Pascal

LA SECONDE COURONNE

Les Folies dans les faubourgs sont une première couronne, élégante et combien discrète. Hors de la ville, parmi les bouquets de vieux arbres, apparaissent les fleurons de la deuxième couronne. Des demeures riches et charmantes, où, aux dix-septième et dix-huitième siècles, les magistrats, les gens en place et les parvenus de l'époque aimèrent à se retirer. M. André Hallays nous a confié que les anciennes descriptions du Languedoc nous montraient autour de Montpellier une campagne riante, fertile et variée. Mais, hélas! dit-il, à la même place s'étendent maintenant des plaines mornes et monotones; il n'est rien de plus désespérant, continue-t-il, que ces étendues médiocrement ondulées, plantées en vignes, hérissées d'échalas à l'infini. Or, à Montpellier, les vignes ne sont pas sur échalas. Ces échalas èxistent dans l'imagination parisienne de M. André Hallays seulement. Certes, M. Hallays a chanté la saison où les pampres colorés par l'automne couvraient la terre d'un tapis d'or et de pourpre. Ce n'est point à l'automne seulement que les vignes sont une fête de couleurs. Depuis les premiers bourgeons du début de mai jusqu'à la fin de novembre, pendant plus de sept mois, la campagne montpelliéraine est couverte d'un manteau aux tonalités changeantes. Bleu tendre ou bleu profond, vert lavé par les orages. Dès le mois d'août les grosses grappes, rouges d'abord, noires ensuite, mettent des points lumineux sous les feuillages lourds. En hiver, tandis que la terre dort, ces immenses plantations avec leurs petites souches, noires ou couleur ocre, sont d'un étrange charme poétique. Nous songeons à Virgile, au deuxième livre des Géorgiques, à cette ordonnance de la vigne semblable à l'ordonnance des légions. Rien n'est plus militaire qu'un vignoble, rien n'est plus romain; comme romaine est la province. En bordure des chemins creux, n'en déplaise aux Parisiens, on trouve encore des mûriers, il est encore des olivettes; le long des ruisseaux les peupliers s'alignent en rangs serrés, droits dans leur écorce argentée, et dans la campagne montpelliéraine les pins d'Alep couronnent toujours les mamelons comme autant de minuscules bois sacrés. Si, au détour d'un sentier, nous rencontrions un légionnaire, casque en tête et glaive ibérique au flanc droit, il ne faudrait pas s'en montrer trop surpris...

Ces châteaux montpelliérains sont de charmantes oasis autour de la ville. Voici « la Piscine », sur la route de Celleneuve. En 1814, Elisa Bacciochi y trouva un refuge; sous la Restauration, le château appartint à Mme du Cayla, l'amie charmante de l'aimable Louis XVIII. C'était une femme adorable, Zoé du Cayla, le roi l'aima avec un tendre et respectueux platonisme. Elle venait le voir à toute heure dans son cabinet de travail. On raconte qu'un jour Louis XVIII, ayant mandé auprès de lui le Premier Président de la Cour de Paris, vieillard austère, à l'aspect rébarbatif, le Président entra dans le cabinet royal, revêtu de sa longue robe rouge. Le roi écrivait, penché sur sa table, et, entendant le froufrou de la robe, il pensa à une visite de Mme du Cayla. Sans tourner la tête, il interpella le vénérable magistrat: « C'est vous, Zoé? » A partir de ce jour, les courtisans surnommèrent le Président « Crusoé ».

Laissons en paix Mme du Cayla. Il nous

souvient d'une belle fête Louis XIV à la Piscine. Elle fut donnée comme le soleil se couchait et éclairait de ses longs rayons horizontaux le théâtre antique. Des vers souples, d'étincelants dialogues, une musique prenante, de beaux costumes et de jolies femmes, les salons de l'ancien régime et le grand parc au dessin sévère. Il ne manqua rien à cette fête, pas même un beau clair de lune.

La Piscine est un des fleurons de la couronne. Il faut connaître Langaran, aimable et solennel. Le style du XVIIIe siècle est ici sous notre ciel d'une majesté souveraine, il s'allie et s'apparente au génie romain. Parcourons Langaran et ses jardins étagés. Admirons les mascarons de la façade et sa grille monumentale ; et encore les splendeurs de la Mosson et du château d'O, et d'autres beautés fameuses, celles de la Mogère... Il faut visiter ces vieilles demeures tranquilles, galantes et imposantes. Là, dans cette province si vivante et si active, tout invite au repos et à la rêverie. Il faut errer le soir par les bosquets de pins, de cyprès et de chênes verts, s'arrêter devant les fontaines et les bassins où, trop souvent, l'eau ne murmure plus, s'asseoir sur les bancs de pierre et évoquer le passé. Hélas ! partout la

Révolution a laissé des traces. La fureur iconoclaste a mutilé plus d'une statue et profané plus d'un meuble. Les aqueducs furent crevés et depuis ce temps on n'a plus donné, sur les canaux et les immenses bassins, de fêtes nautiques.

Il faut pleurer sur ces choses, il faut pleurer des larmes virgiliennes, car, hélas! on ne les restaurera pas. On ne peut pas les restaurer. Les soucis de la vie moderne sont trop impérieux et trop cuisants. Il n'est plus de nos jours de ces grandes familles qui pouvaient entretenir ces demeures. Où est l'intendant de Saint-Priest, où sont les Bonnier...?

Où sont-ils, vierge souveraine?
Mais où sont les neiges d'antan?

Il ne faut pas se complaire dans ces états de défaillance, c'est un espèce de devoir. Il est des choses qui meurent, il en est d'autres qui naissent, il en est enfin qui subsistent. Dans les environs de Montpellier il est de très beaux domaines qui résistent aux injures du temps.

Il faut songer au passé, mais sans avoir les yeux constamment tournés vers lui. Le présent est passionnant... nous le vivons et il faut préparer l'avenir. La vie moderne a ses charmes, et d'ailleurs, même si elle nous ennuie, elle existe et cela doit nous suffire. L'Arabe du désert qui édifie sa cabane avec les débris des temples romains n'est pas un sage, quoi qu'en ait pu penser feu Anatole France. Les sages, ce sont les ingénieurs américains, les grands entrepreneurs d'outre-mer qui construisent les villes magnifiques et pratiques où s'abritera l'humanité future. Nous regrettons le temps passé, c'est une clause de style chez tout artiste et chez tout poète; mais si une bonne fée, d'un coup de sa baguette magique, nous transportait deux siècles en arrière et nous y faisait vivre, elle nous jouerait un bien mauvais tour. Amusons-nous à supputer tout ce qui nous manquerait... Comme nous aimerions la platitude de la vie courante, et ceux parmi nous qui ont le tempérament le plus aristocratique regretteraient ardemment du fond du cœur les méfaits de notre vilaine démocratie.

PALAVAS

Je suis allé hier à Palavas. C'est la plage de Montpellier. Elle est à douze kilomètres ; le train de l' « Intérêt Local » les franchit en vingt-cinq minutes. En été, le dimanche et les jours de fête, il faut voir, à la gare de l'Esplanade, la foule des voyageurs prenant les wagons d'assaut. Les grappes épaisses se pressent sur les plateformes et jusque sur les marchepieds.

La route est plus agréable ; elle est excellente, bien ombragée par deux grandes rangées de hauts platanes.

Elle se développe en longues lignes droites, par endroits fait des coudes brusques et dangereux ; de grands arbres masquent la vue, aussi les accidents sont fréquents. Il en est de célèbres. Plus d'une fois, de jeunes fêtards rentrant de Palavas à toute allure ont culbuté dans les fossés de la route et jusque dans le canal.

Au sortir de Montpellier, ce sont des vignes jusqu'à Lattes, avec d'innombrables petites villas, de joyeux vide-bouteilles précédés d'une treille. Le dimanche on y va jouer aux boules. A Lattes commence ce qu'on peut appeler la Normandie montpelliéraine. C'est un coin frais, avec des prairies vertes et de grandes haies d'arbres qui tremblent au vent; on ne se croirait pas en Languedoc. Le Lez, peu large, mais profond, se déroule de Montpellier à la mer en de lents méandres, un peu semblable à l'Eurotas, disait Sainte-Beuve.

Après Lattes, les platanes cessent brusquement, les vignes et les prairies aussi, à cause des remontées de sel. Une plaine basse, humide, inculte. La route et le chemin de fer entrent dans la région des étangs, le paysage prend un aspect et une couleur étranges. Plus d'arbres, de rares herbes, à perte de vue tout est eau, sable ou marais. Çà et là une cabane de pêcheur, un rendez-vous en planches ou en roseaux pour la chasse au marais. On éprouve une impression extraordinaire. Chaque fois que je vais à Palavas, je crois arriver à Venise. Le grand soleil pose à perte de vue sur les étangs des teintes rougeâtres qui s'assombrissent ou châtoient par places. Sur les bancs de sable, quelques tamaris, habillés de lianes par les crues, tremblent au moindre vent. Selon les aspects du ciel l'eau change elle-même, ses tons se mêlent parmi d'infinis ruissellements de lumière.

Palavas est un simple village; mille habitants peut-être. La rivière débouche dans le golfe entre deux minuscules jetées, éclairées par un feu rouge. Face à la mer, les villas se pressent, sur les deux rives, quelques-unes amusantes, le plus grand nombre prétentieuses et raides. Les façades sont rongées par le vent salin. L'hiver, tout est fermé; mais au moment de la « saison », en juillet-août, il est difficile de se loger à Palavas. On paye très cher une minuscule villa, voire un simple taudis.

Le Lez, canalisé, fait de Palavas deux villages jumeaux. Les deux plages communiquent par un pont de fer jeté sur la rivière et plus près de la mer par un bac. La traversée en bac est une grande distraction pour les enfants; ce voyage, de quarante mètres, leur paraît une expédition. Les deux plages sont magnifiques, d'un sable fin et résistant; le fond est égal et sans danger, très favorable au bain, puisqu'il n'y a pas de marée.

Pendant la saison, les fêtes à Palavas sont des journées épiques; les cafés sont envahis par une foule turbulente et rieuse. Sur le Lez, les joutes sétoises. Deux barques pavoisées se croisent et les jouteurs, dans leur costume pimpant, crânement campés, le bouclier sur la poitrine, la lance en arrêt, se défient du regard jusqu'au moment du choc. Cependant un hautbois aigre les excite au combat; il joue un air de guerre qui date du temps où Turenne fit la conquête de l'Alsace. Quand le jouteur est culbuté dans le canal, ce sont, parmi la foule, des cris et de grands éclats de rire.

En été, par les beaux jours de soleil, le golfe est sillonné par les barques palavasiennes. Trapues, pontées, petites, elles courent sur les flots calmes, en inclinant au vent leur grande voile latine. Le golfe est poissonneux et les pêcheurs ne vont jamais bien loin. Dans ces parages, la mer est si belle qu'au moindre signe de gros temps les flotilles viennent chercher refuge dans le canal. Ici, l'homme n'a pas à lutter, comme en Bretagne, contre une mer hostile; la mer latine lui sourit sans cesse, les sinistres sont rares; rien d'étonnant si nos pêcheurs sont moins rudes à la peine que les matelots bretons; ce n'est pas leur faute, c'est la mer qui leur a fait la vie trop facile.

Lorsque la nuit vient, des teintes blafardes, d'un gris jaunâtre, descendent sur l'eau, la houle légère roule.

Dans la journée, le ciel était très pur, mais voici que quelques nuages courent, débris des orages de la vallée du Rhône, et par leurs déchirures la lune verse son ruisselement sur la mer retentissante.

Rien ne peut exprimer le sentiment de l'âme à de telles heures. Alors, on sent que tout est mortel et périssable et que tout s'abolit pour ne laisser place qu'à des sensations. Le misérable instrument que la parole! Ces nuits palavasiennes, j'y puis songer pendant des heures... les mots me manquent pour en parler.

J'aime Palavas l'hiver — la plage est déserte. Par les grands coups de vent du sud les vagues montent à l'assaut du rivage et couvrent en déferlant les deux médiocres jetées.

MAGUELONE

Il faut aller voir la merveille. On quitte Palavas par un chemin sablonneux, bordé de tamaris, au milieu de vignes qui croissent dans les sables. A gauche, à quelques centaines de pas, roule la mer. De la route, la vue sur Montpellier, les étangs et la mer est incomparable. On approche de la presqu'île. Sur un tertre élevé, de grands pins maritimes se dressent, tels un bois sacré. Les vénérables géants ! Avec quelle harmonie ils projettent leur ombre ! Ici, Venise est loin. On a l'impression d'un paysage japonais.

C'est un coin unique au monde, on y éprouve des sensations rares et choisies et l'histoire nous conquiert d'un seul coup. La presqu'île ressemble à quelque gigantesque galère échouée.

Là fut la ville de Maguelone, démantelée par Charles Martel, rétablie partiellement au onzième siècle par Arnaud. Au Moyen Age, elle eut son heure de gloire. De gaieté aussi.

Il faut évoquer les moines dans leur cloître, et en donnant un léger coup de pouce à la vérité historique, les bourgeois dans leurs maisons, les châtelaines sur leurs lourds chevaux portant des pièces de velours et de brocard, des broderies, des orfrois, des joyaux, des rubans embaumés. Aux beaux soirs de juin, le troubadour accorde son instrument, dames, chevaliers et demoiselles, bourgeois et bourgeoises dansent en se tenant par la main.

Abandonnée dans la suite par sa population, Maguelone fut détruite en 1623.

Au dix-neuvième siècle, la presqu'île devint la propriété de M. Fabrège. Archéologue et bon humaniste, M. Fabrège se consacra à Maguelone, en écrivit l'histoire et restaura la cathédrale de Saint-Pierre avec une pieuse érudition.

L'église est vaste, bâtie en roman, comme le furent presque tous les édifices de Languedoc jusqu'au XIVe siècle.

J'ai vu les fêtes du cinquantenaire. La foule, inclinée sous la bénédiction de Monseigneur de Montpellier, évoquait les multitudes du Moyen Age. La procession se déroulait parmi le parc et les vignes. On chantait le

Christus mérovingien, sous les pins d'Alep; les clercs semblaient sortir d'un bois sacré. J'ai songé au mot de Gœthe: « Il veut la croix enlacée de roses. — Qui donc accordera les roses à la croix? »

La cathédrale a quelque chose, dans sa robuste nudité, de l'architecture antique. Hélas! nous n'en voyons que des vestiges. Il faut la patience d'un archéologue pour en détailler les rares curiosités: les autels de l'église primitive, les architectures romanes, les tombes des évêques ; M. Fabrège, le mécène érudit, dort parmi eux.

Du toit de l'église, le spectacle est incomparable. On est ému par les beautés sévères et gracieuses du sol méridional. Si loin que le regard puisse aller, les vallées, les mamelons portent la marque du travail et de la prospérité humaine. D'ici, on sent battre le cœur du Languedoc méditerranéen avec son génie et sa puissance d'invention. Contre l'invasion étrangère, cette île fortifiée fut une défense. Et maintenant l'église romane, continuant son rêve héroïque auprès des pins sacrés, est un refuge contre les barbaries de l'âme.

D'ignobles graffiti déshonorent les murs

augustes. Des cœurs percés d'une flèche, des inscriptions nous disent que « Paul aime Louise » et tant d'autres témoignages ingénieux d'une vulgarité sentimentale qui se plaît à s'extérioriser.

Le soleil va se coucher, à cette heure il a perdu sa force pour ne conserver que ses caresses. Jamais je n'aurais rêvé, en cet instant, d'une mer d'un bleu si délicat, et, hélas ! d'une telle nuée de moustiques auréolée d'une lumière si fluide. Jamais je n'aurais pensé qu'on puisse être si durement enthousiasmé par un paysage. Cette vision, limitée et inopinée, fait songer à ces perles qui possèdent à la surface de leurs corps minuscules la splendeur de tout l'Orient.

III

Les gens

BEAUTES DE MONTPELLIER

Les beautés de Montpellier sont innombrables, et diverses. Beauté du site, beauté du ciel, beauté des monuments, qu'ils soient de marbre, de bronze, de granit, de simple pierre de Beaucaire ou de ciment armé.

Mais ce sont là beautés comme on en peut trouver partout : beautés fournies gratuitement par la nature, ou beautés réalisées au cours des âges par l'art des hommes savants ou des hommes de goût..

La merveille de Montpellier c'est que, sous le règne impérissable des Trois Grâces, se maintienne, se perpétue, se renouvelle incessamment au cours des générations changeantes et à travers les invasions, — malgré les révolutions, en dépit des modes, la souriante maîtrise, l'incomparable attrait, le charme souverain des beautés de Montpellier.

Les seules qui comptent vraiment : les beautés féminines.

Il en fut toujours ainsi : ne voulut-on pas trouver, à l'origine du nom de Montpellier, un hommage aux femmes de Montpellier : *Mons Puellarum*.

Un Strasbourgeois vint à Montpellier en 1645, qui a noté les impressions de son tour de France, au cours duquel il traversa le Languedoc pendant les premiers jours du printemps.

C'est à Pézenas — qui était alors une capitale — que ce bon Elie Brockenhoffer eut la révélation de la beauté féminine aux pays occitans. « Les femmes, note-t-il, sont d'une très remarquable beauté; elles ont un costume provocant: elles sont presque à demi-nues, de telle sorte qu'on voit à peu près complètement leurs épaules et leur poitrine, ce que je n'ai encore observé dans aucun lieu de France qu'ici. »

Le bon Alsacien venait de parcourir le nord et l'ouest en hiver, saison où les Françaises, même du Midi, cachaient, en ces temps anciens, leurs épaules. Sa surprise joyeuse, sa curiosité, son admiration, déjà éveillées à Pézenas, eurent quelques jours plus tard, à Montpellier, les satisfactions les plus amples.

La place de la Comédie, de ce temps, n'existait pas, ni les Trois Grâces de marbre. Mais il y avait à Montpellier d'autres grâces, plus vivantes, alertes et appétissantes, qu'en d'autres endroits que cette place les Montpelliérains de ce temps et les étrangers qui passaient par ici savaient bien aller trouver et admirer.

« Au dire de tout le monde et à mon propre avis, assure Elie Brockenhoffer, il n'y a dans tout ce royaume pas de ville où l'on voie plus de belles femmes qu'à Montpellier. Elles sont de haute taille, droites, blanches, délicates et très bien faites. »

Les séduisantes beautés de Montpellier n'étaient point vêtues à la mode d'Alsace, évidemment; mais pas davantage à la mode de Paris. Elles avaient ce vêtement si gentiment dégagé que Brockenhoffer admira, contenant et contenu, de Pézenas jusqu'aux bords du Rhône.

Elles ne parlaient pas le dialecte alsacien, ni celui de Paris. Mais, vêtues à la mode de leur pays, elles parlaient la langue de leur pays. « La douceur de leur langue maternelle, écrit le voyageur alsacien, ne leur donne pas une médiocre grâce. »

Donc, ces beautés montpelliéraines, parlant le langage montpelliérain, vêtues à la mode montpelliéraine, avaient un succès fou, enchaînaient tous les cœurs, faisaient tourner toutes les têtes, de Montpellier, de Strasbourg et d'ailleurs.

Que croyez-vous que faisaient de leurs journées nos ancêtres de 1645? Elie Brockenhoffer va nous le dire: « C'est presque la chose la plus importante et la plus nécessaire en cette ville que d'aller et venir dans les rues et au marché pour regarder les femmes... »

Et que croyez-vous que nous fassions aujourd'hui, sur la place de la Comédie, à la Grand'Rue et dans la rue de la Loge? La chose, pour nous, la plus importante et la plus nécessaire, est toujours d'y rechercher la preuve que les femmes de Montpellier, pour n'être plus dévêtues seulement des épaules à la poitrine, pour parler français et se talonner à la Louis quinze, n'en sont pas moins dignes de leurs mères-grands, — qui étaient si jolies sous Mazarin.

N'en croyez pas les philosophes chagrins qui vous diront la vanité de ces beautés qui passent. Croyez-en plutôt le témoignage de l'histoire: ce sont, en réalité, beautés qui durent, — plus que le marbre, le bronze et le ciment armé, puisqu'elles sont vivantes.

DE QUELQUES GRANDS HOMMES ET DE L'AMATEUR MONTPELLIERAIN

Montpellier est fier d'un nombre appréciable de statues, en bronze, en marbre ou en pierre. Montpellier s'est plu à mettre un très grand nombre de ses places et de ses rues sous l'honorable patronage de grands hommes. Mais la plupart des gloires que célèbrent les places et les rues de Montpellier, — de Victor Hugo à Louis Blanc, de Louis XIV à Emile Combes, d'Henri IV à Ledru-Rollin, de Marsyas à Jean Jaurès — ne sont point des gloires montpelliéraines. S'il y a des noms montpelliérains sur nos murs, ce sont, presque toujours, des noms modestes, qui n'ont point fait grand bruit hors de chez nous, et auxquels on n'accorde que des rues étroites ou écartées.

Il est, d'ailleurs, admis par l'opinion générale que cette ville, ni le pays de Languedoc, ne furent jamais fertiles en grands hommes.

Nous n'irons pas jusqu'à prétendre, pour nous en plaindre, qu'il ne soit de grands hommes que de Grèce, de Rome et de Paris. Nous avouerons que l'opinion générale a raison de ne reconnaître de vraie grandeur qu'à ceux dont l'œuvre ou la carrière ont fait du bruit hors de leur ville natale et sur une plus notable portion du vaste monde.

On pourrait chicaner un peu sur cette conception du grand homme. La valeur d'un homme se peut mesurer autrement qu'au bruit et en étendue : en profondeur, par exemple, et au résultat. De ce point de vue, deux ou trois au moins parmi nos seigneurs les Guillems, au moins autant de nos hardis marchands des siècles onze et douze dont le nom n'a pas survécu, furent de grands hommes, pour avoir vraiment créé et fondé Montpellier...

Tantæ molis erat...

...aurait pu dire aussi un Virgile montpelliérain. Mais justement Montpellier n'a pas eu de Virgile. Et le seul poète dont Montpellier puisse vraiment s'enorgueillir, pour avoir contribué à sa formation, c'est de nos jours Paul Valéry, qui, d'ailleurs est d'origine sétoise.

Pas plus que de grands écrivains, Montpellier n'a produit de grands artistes. Aucun nom n'est demeuré de ces admirables artisans de la rue Dorée ou de l'Argenterie, bien que les poètes de langue d'oc et de langue d'oïl aient à l'envi célébré « l'or de Montpellier » — leur ouvrage. Les architectes du Peyrou, d'Aviler et Giral, ne sont point grands, n'ayant bâti qu'à Montpellier. L'honorable école montpelliéraine de peinture qui se continua pendant deux siècles, de Sébastien Bourdon à Vien, n'a, semble-t-il, d'autre mérite que d'avoir formé Hyacinthe Rigaud, qui était de Perpignan.

Il y a toutefois quelques Montpelliérains notoires parmi les conquérants, les hommes d'Etat, les savants et les philosophes. Jacques Ier, roi d'Aragon, le conquérant des Baléares et de Valence sur les Maures, est Montpelliérain, fils de Marie de Montpellier, la touchante héritière des Guillems.

On connaît, des temps révolutionnaires: Cambon, négociant et financier aussi puissant et aussi habile, mais plus rigide et désintéressé que le séduisant Jacques Cœur; — Cambacérès, dont le faste un peu puéril ne saurait faire oublier comme il sut être pendant quinze ans le traducteur et le modérateur de la pensée napoléonienne; — et ce Chaptal, qu'une vue bien pénétrante de Stendhal compare si justement au grand Colbert. Mais avant ces trois grands commis des temps nouveaux, l'Etat avait eu les précieux services d'un cardinal Fleury, ancien chanoine de notre Cathédrale, et d'un Guillaume de Nogaret, professeur à la Faculté de droit de notre Université.

C'est une gloire plus haute et plus universelle qu'ont justement acquise des savants montpelliérains comme Guy de Chauliac et Arnaud de Villeneuve au Moyen Age, Rondelet au siècle de la Renaissance, Chaptal — encore — et Jérôme Balard il n'y a pas beaucoup plus de cent ans. Enfin, ceux qui n'admettent point la doctrine positiviste ne peuvent pourtant que s'incliner devant l'admirable génie constructeur du Montpelliérain Auguste Comte.

Mais plus populaire et plus universellement connue que ces grands réalistes est assurément cette autre gloire montpelliéraine, et peut-être la plus pure : saint Roch et son roquet ; — saint Roch, le pauvre pèlerin guérisseur de la peste, et son roquet, le chien fidèle et bon qui lèche les plaies de son maître et lui apporte au fond des bois le pain des pauvres...

Il y a donc eu des grands hommes à Montpellier.

Mais que Pétrarque, venant étudier le droit à nos Ecoles au début du XIVe siècle, ait pu prendre et développer ici le goût des belles lettres classiques au point que son père, pour le remettre en un chemin qu'il croyait meilleur, dut venir lui arracher ses livres latins et les brûler : — et que deux siècles plus tard l'évêque de Montpellier Guillaume Pellicier ait pu réunir dans sa bibliothèque plus de manuscrits grecs que François Ier dans son Louvre, au même temps que maître François Rabelais lisait en grec ses leçons à notre Ecole de médecine : — voilà qui fait peut-être plus d'honneur à Montpellier que le nombre des grands hommes qui y purent naître. Car de tels traits sont bien propres à manifester la haute valeur du milieu dans lequel ces grands hommes ont été formés, l'éminente qualité de l'esprit montpelliérain.

Le Montpelliérain n'a pas de génie, mais il n'est jamais médiocre. Occupé d'abord des soins de sa profession, ou, comme on dit, de ses devoirs d'état, il sait en rendre agréable et harmonieux le cadre, et en orner avec goût les loisirs. Pourquoi ne compte-t-on pas, d'ordinaire, Montpellier parmi les « villes d'art célèbres »? C'est peut-être à cause de la discrétion des Montpelliérains. Il y a ici d'autres merveilles d'architecture et de décoration que le Peyrou : mais elles sont dans ces beaux hôtels particuliers, discrètement cacachés au long des petites rues sinueuses. Il y a de riches et solides bibliothèques en dehors de celle de la ville, ou de celle de l'Université : elles sont chez des Montpelliérains cultivés, et s'accompagnent d'objets d'art et de tableaux choisis avec le plus heureux discernement. Le luxe, ici, se porte, si l'on peut dire, en dedans. De même que jusqu'à ces derniers temps la distinction des femmes se Montpellier se mesurait à l'extrême discrétion des vêtements qu'elles portaient en public.

Mais que l'Académie des Sciences et Lettres s'offre la trop rare distraction d'une séance publique ; — que les amateurs montpelliérains de musique ouvrent à leurs amis l'intimité de leurs concerts ; — qu'un François-Xavier Fabre, un Valedau, un Vallat, un Cavalier, un Alfred Bruyas fassent à leurs concitoyens le cadeau magnifique de leurs tableaux et de leurs livres : et l'on découvre avec un étonnement joyeux à quel point cette ville, si pauvre en grands hommes, est riche en amateurs instruits, dont la culture sérieuse, l'esprit curieux, le goût avisé ont de tout temps ménagé aux grands hommes ce public de choix, préparé à les comprendre, et sans lequel ils ne seraient rien.

L'esprit montpelliérain est mesuré, mais conscient du prix de cette mesure. Sa formation séculaire dans une ville à laquelle ses écoles et ses marchands ont ouvert de tout temps un horizon universel, fait que le Montpelliérain est moins que beaucoup d'autres alourdi et barricadé de préjugés, et plus que beaucoup d'autres accueillant à toutes les idées, à toutes les formes d'activité et d'expression, aussi bien industrielles et commerciales que littéraires ou artistiques. Mais cet accueil, ici, n'est jamais le résultat d'un emballement aveugle ou d'une publicité mécanique. L'amateur montpelliérain, nourri par une curiosité universelle, par une information étendue à la fois dans le temps et dans l'espace, fortifie ses jugements et étaie ses adhésions d'une comparaison constante, d'une confrontation héréditairement spontanée des

« nouveautés », des réputations et des chefs-d'œuvre avec la mesure et la logique de l'esprit français, tel qu'il se clarifie et s'ordonne dans l'air vif et sous la claire lumière du ciel montpelliérain.

NOBLESSE DE MONTPELLIER

Lorsque la commune de Montpellier fut solennellement jurée, à Notre-Dame-des-Tables, le 15 août 1204; lorsque, quelques années plus tard, les consuls eurent obtenu du roi Pierre d'Aragon et de Marie de Montpellier l'entière seigneurie de la ville, la commune de Montpellier fut vraiment, dans l'ordre féodal, une seigneurie collective; chaque citoyen de Montpellier fut donc, pour sa part, et dans sa ville, seigneur, c'est-à-dire baron.

Tout seigneur soucieux de l'honneur et de la prospérité de sa seigneurie tient, naturellement, à l'accroître d'autres seigneuries, honorables pour son prestige et profitables à ses intérêts. C'est ainsi que les consuls, dès le XIIIe siècle, surent acquérir autour de la ville quelques fiefs produisant revenus et comportant juridiction. Il plaît aux Montpelliérains de distinguer parmi ces accroissements des biens et du prestige de leur commune l'acquisition, dans la garrigue qui est au nord de

Montpellier, vers Murles et Combaillaux, du mas ou baronnie de Caravètes. On en tirait, on en tire encore en partie le menu bois de chêne ou d'arbousier, la précieuse « ramille » qui sert à chauffer les fours des boulangers.

Mais du coup chaque citoyen de Montpellier, déjà seigneur de Montpellier pour sa part, se trouvait être aussi baron de Caravètes. Et les siècles écoulés, l'autonomie communale restreinte par les progrès de l'autorité royale, la désignation des consuls usurpée par celui qui était à Montpellier gouverneur pour le Roi, les très humbles et très obéissants serviteurs et sujets montpelliérains de Sa Majesté, conservant la fierté de leurs origines, reconnaissaient au fils premier-né de chaque maison montpelliéraine le titre de « baron de Caravètes ».

Aujourd'hui encore, pour se distinguer de la foule grandissante des nouveaux habitants, venus surtout des montagnes prochaines du Rouergue et du Gévaudan — que l'on appelle ici « les gavatches » — les Montpelliérains nés à Montpellier se plaisent, non sans tempérer leur prétention d'une sage ironie, à se dire, eux aussi, « barons de Caravètes ».

Or, ils sont barons plus qu'ils le disent, et

nobles plus qu'on pourrait le croire. Dans ce curieux ouvrage: *l'Ermite en Province,* qu'Etienne de Jouy écrivait, voilà cent et quelques années, à la suite de son célèbre *Ermite de la Chaussée d'Antin,* il y a un portrait des gens de Montpellier qui ne veut être ni aimable, ni flatteur — la province n'est-elle pas toujours un peu ridicule? — et qui se trouve, au fond, très exact:

« Le peuple, indépendant par caractère, ne témoigne aucun respect pour le rang et la richesse; il court au-devant de tous les personnages considérables, mais par pure curiosité: c'est un spectacle qu'il se donne. Il est fier de son pays: *souï enfan de Mountpéié* est l'éloge que chacun se donne ici le plus volontiers. »

« Enfant de Montpellier »: c'est, pour les vrais citoyens de cette ville, un vrai titre de noblesse: barons de Caravètes ils demeurent, riches ou pauvres, bourgeois ou artisans, qu'ils aient leur hôtel sur la place ou leur maison dans un bas-quartier. La même aisance familière, la même cordialité sans abandon, la même dignité sans hauteur, la même générosité sans faste, la même simplicité sans bassesse se retrouvent à la fois chez le travailleur de terre du plan de l'Olivier qui s'en va à sa vigne à califourchon sur son âne et la pioche sur l'épaule — aussi fier qu'un seigneur la lance au poing sur son palefroi — et chez le propriétaire qu'une voiture à deux chevaux conduit à sa campagne. (Il faut noter qu'aujourd'hui, le plus souvent, l'âne est remplacé par la bicyclette et la voiture par l'auto.)

Certains, qui le connaissent mal, reprochent au Montpelliérain un abord un peu froid, et quelque méfiance à l'égard des grandeurs et des réputations extérieures. — L'enfant de Montpellier est, comme il convient, plein de déférence à l'égard des Puissants. Mais quand il les aborde, c'est sans humilité ni contrainte, et au contraire avec une aisance tranquille, faite du vif sentiment qu'il a de traiter avec ces puissances sur le pied de l'égalité. Ce quant-à-soi du Montpelliérain n'est point de l'orgueil, ni même de la vanité. C'est, simplement, la manifestation, d'ailleurs discrète, de la conscience qu'il a de sa valeur; d'une valeur qui est l'héritage de quarante générations grandies dans une commune riche, savante et longtemps maîtresse de ses destinées, — d'une valeur qui est le fruit d'une expérience, non seulement séculaire, mais universelle.

L'enfant de Montpellier, s'il est fier de sa noblesse, n'en est pas jaloux. Il laisse, dans sa ville, aux nouveaux habitants, leur part, et la plus large possible. Il leur abandonne volontiers les professions qui enrichissent, et jusqu'à l'administration de la cité. Heureux s'il les voit peu à peu se polir, se civiliser, s'ennoblir à son contact et à son exemple, souriant à leurs travers et à leurs maladresses, mais attentif à ne pas se laisser confondre avec eux. Et c'est pour lui le plaisir le plus précieux et l'hommage le plus rare, lorsque le passant, l'étranger, sans avoir été averti ni prévenu, lui marque, par quelque manifestation spontanée, qu'il a su reconnaître aisément ce qui distingue d'un gavatche un baron de Caravètes.

IV

La vie, les modes et les mœurs

LES SAISONS

PRINTEMPS. — DOUCEUR DE MONTPELLIER

Le printemps va commencer pour nous ce deuxième jour de février, fête de la Chandeleur, si le ciel est doux, clair et tiède. Le cierge bénit ce jour-là nous gardera du tonnerre pendant le prochain été. Mais nous aurons d'abord, pendant quarante jours, cette tiédeur de l'air, cette clarté du ciel, cette douceur de vie qui nous auront été offertes au jour de la Purification.

La douceur de vivre... Talleyrand la plaçait dans le temps, dans le temps de sa jeunesse, au paisible et riant siècle français qui précéda les orages de la Révolution et du Romantisme... Foin de Châteaubriand, cet homme du triste Nord, qui s'écriait en si magnifique langage : Levez-vous, orages désirés...

Nous plaçons, nous, la douceur de vivre dans l'espace, aux bords plaisants et apaisés de notre Méditerranée. Et nous nous gardons — par un cierge bénit — de l'orage : de l'orage de l'air, si rare chez nous, comme de l'orage des passions, si vite dissipé chez nous par le sourire du climat.

Les dépêches télégraphiques nous donnent un petit frisson, qui nous annoncent là-bas une vague de froid, et ailleurs six mètres de neige, — cependant que nous regardons, au réveil, par-dessus notre chocolat fumant, le soleil matinal monter dans une brume dorée, — cependant que nous lisons, sur l'Œuf, l'édition du soir sous le regard zénithal d'une lune blanche.

Notre journée de travail achevée, dans le calme d'une conscience en repos, nous allons recréer nos esprits et affiner nos intelligences auprès des savants maîtres de notre Université. Il nous plaît de trouver tant de marques de rigoureuse précision scientifique à ceux d'entr'eux qui sont de lettres, tant de culture littéraire à ceux qui sont de science, à tous une si remarquable et, après tout, si naturelle adaptation à notre goût à la fois exigeant et mesuré.

Après dîner, négligeant les banalités criardes du théâtre ou du cinéma, nous allons chez des amateurs éclairés écouter des musiques choisies.

Ou bien, comme c'est le temps du Carnaval, nous nous laissons conduire aux salles de danse, entraîner aux agitations de jambes et de bras, séduire aux mille facettes étincelantes du Pavillon des Fêtes.

En ces endroits, la musique est bruyante, crissante, tambourinante et grinçante. Plutôt que de nous en indigner, nous y mettons la sourdine de notre indulgence amusée. Les pas et les figures à la mode sont d'une autre race et d'un autre temps. Nous ne les adoptons pas à l'aveugle et d'enthousiasme, mais il nous plaît, en les adaptant à notre mesure, d'y trouver, en cette saison propice, la matière d'un agréable déguisement.

D'autres, à ces contorsions négroïdes, font figure de fous presque furieux. Nous savons ici, sous le masque du primate déchaîné, faire figure d'hommes, et de Montpelliérains qui savent ce que danser veut dire.

Aussi quand, à des heures qui ailleurs seraient notées de folles, nous sortons de ces lieux de plaisir, ce n'est point avec l'habit froissé, la jambe lasse, l'âme veule et la bouche amère, mais tout prêts, grâce à l'entrain mesuré de la nuit, à l'excitation gentille entretenue par assez d'esprit et quelque peu de champagne, à l'accord naturellement réalisé entre nos amusements, nos forces et nos goûts, — tout disposés, dis-je, à nous satisfaire de surcroît par la douceur fraîche et reposante d'un clair matin où la descente, à l'occident, d'une lune pâlie s'harmonise avec l'espoir bordé de rose d'un jeune soleil levant.

Ou bien encore, le dimanche venu, nous rejoignons nos amis autour d'une table abondamment, simplement et délicatement servie de bonnes choses de chez nous. Et nous y demeurons plus longtemps que de midi à quatorze heures. Non point tant pour manger et boire — encore que cet article ne soit point négligeable, ni négligé, — que pour mettre en commun ce goût de la conversation, cette joute des esprits, cette aisance dans la dispute ailée, mais mesurée, que les Pédants admirent chez les interlocuteurs de Socrate et les participants d'un célèbre autant qu'hellénique banquet, — et qui se retrouvent à Montpellier, dans ces réunions amicales — et plus particulièrement dans la libre et diserte assemblée des *dissatiès* — aussi naturellement chez l'employé d'administration ou le commerçant que chez le bibliothécaire, le peintre, le professeur ou le propriétaire : puisqu'ils sont tous participants de l'esprit montpelliérain.

Ainsi nous savons, en ce début de printemps, accommoder à notre mesure et à nos goûts les idées les plus hardies et les nouveautés les plus étranges, — comme nos yeux accoutumés sauront découvrir de douces nuances à la lumière du plus ardent soleil du prochain été.

Eté. — Partir?.... Rester!

Partir, a dit je ne sais quel poète, c'est mourir un peu. Ce poète n'y entend rien, — et n'est plus de notre temps. Aujourd'hui, quand vient l'été, c'est rester qui est mourir un peu. N'est-ce pas le plus mortel ennui qui nous attend, si nous demeurons, en été, dans notre maison ou dans notre ville?

Il n'y a plus de théâtre, il n'y a plus de cinémas. Que ferons-nous, si nous restons, de nos soirées? Et ces beaux vêtements neufs, et ces robes inédites que nous avons imaginées, y aurait-il plaisir à les montrer ici, quand il n'y aura plus personne à qui ces nouveautés et ces grâces pourront faire dépit ou envie? Et cette voiture automobile, que nous avons récemment achetée, est-ce pour la laisser au garage ou pour faire le tour de l'Œuf?

— Non, c'est pour faire le tour de France. Vite, en route!

Nous partons. Nous sommes partis. Où allons-nous?

Peut-être à Palavas. Ce n'est pas désagréable. Cette plage mérite encore d'être embellie, mais elle a des charmes. On y joue, on y potine, on s'y déshabille, on y danse, on y boit, on y intrigue — on s'y baigne, même — tout comme ailleurs. Et ce n'est pas plus cher, je vous assure — ni moins, j'en conviens — que dans des stations plus fameuses. Mais c'est trop près de chez nous. On y est trop connu. On y garde trop facilement l'attitude, on y fait trop nécessairement les gestes de l'hiver et de Montpellier. On y est trop chez soi et entre soi, pour y être vraiment à son aise. Allons plus loin.

A Lamalou? Beaucoup de Montpelliérains s'en contentaient jadis, qui n'avaient même pas le prétexte des rhumatismes. Mais c'est, il nous semble aujourd'hui, encore trop près et trop familier. Lamalou ne saurait nous suffire. Non, non. Allons à Vichy. A nous la Bourboule et tout le Plateau Central; à nous

Aix, Evian et toute la Savoie; à nous Luchon et Cauterets, — tout ce que nous vantent les grandes affiches tentatrices...

On raconte que des sages, partis pour ces stations d'été au grand renom, rencontrant sur leur chemin un petit village inconnu, mais riant et propre, où une auberge avenante offre une cuisine saine, s'y sont arrêtés. De là, Vichy leur est apparu fade, et Chamonix étouffant; Cauterets morose; Luchon banal; La Bourboule brûlante et Lamalou plat...

D'autres sages Montpelliérains n'attendent même pas d'être en route, pour trouver leur asile d'été: ils demeurent simplement à Montpellier. Une faible dépense d'argent, de temps et de forces leur procure, à la plage voisine de Palavas, le bain de mer quotidien, et même, s'ils le veulent, bi-quotidien.

Mais ils ont pour rien les altitudes du Peyrou et leurs admirables paysages, — l'ombre fraîche des petites rues tranquilles, — l'opulente forêt exotique du Jardin des Plantes. Et pour leurs divertissements, ils ont l'Œuf, centre incomparable de la ville, nombril du monde, vers lequel se pressent, autour duquel tournent tous ceux qui vont, tous ceux qui s'en vont, tous ceux qui passent à Montpellier. La brise y règne également tout le jour, qu'elle soit marine ou nordique; les terrasses et leurs orchestres sont si agréablement répartis qu'on peut, sans quitter la place, suivre, en passant de l'une à l'autre, la marche du soleil et se garer de ses feux. Et tandis que les peuples là-bas se crèvent de chaleur sur des plages, ou des routes, ou dans des casinos, on se rit, ici, des ardeurs de l'été, on goûte le charme de l'heure, assis à l'ombre d'une toile flottante, devant un marbre frais chargé de blonde tisane. Et l'on voit passer les autos en vidant son verre...

Serons-nous sages ? Passerons-nous l'été selon la mode ou selon nos goûts? Saurons-nous sacrifier à la mode qui veut que l'on parte, sans trop contrarier notre goût, qui est de rester?

Partons donc. Nous sommes partis. La porte est close, les volets fermés pour trois longs mois, les housses mises, le poivre répandu sur les habits et la naphtaline dans tous les coins. A nous l'air, le soleil et l'espace... Voyez, dans la campagne prochaine, toutes ces agréables maisons des champs que des Montpelliérains d'autrefois ont su bâtir, orner, aménager dans le goût le plus pur:

Langaran, La Mogère, Alco, Château d'O, Château Bon, et ce Mas d'Estorc qui abrita jadis les vacances ministérielles de M. Necker, de sa dame, née Cruchod, et de sa demoiselle, qui fut baronne de Staël... Heureux les héritiers de ceux qui les créèrent, quand ils savent se contenter de ces belles demeures anciennes, discrètement enrichies d'un garage, du téléphone et de la lumière électrique. Heureux ceux qui — plus nombreux qu'on ne pense — peuvent et savent faire comme eux, à leur façon.

Où passerai-je l'été? au château de mes pères, — dans cette vieille demeure familiale où, mieux qu'en vos stations fameuses et bruyantes, je goûterai vraiment les joies saines de la saison.

Et tout réjoui de voir s'allonger votre nez et jaunir votre face jalouse devant cet étalage de mon orgueil châtelain, je cours m'encaguarder pour quelques semaines dans ce simple maset, entouré d'une olivette et de quelques figuiers, garni d'une citerne et d'un jeu de quilles, qu'il plut à mon grand-père d'appeler, par antiphrase, son « château », quand il le bâtit, de ses mains, au cœur de la garrigue rocailleuse.

Quatre petits murs bas, en pierre rassié, mais recouverts d'un crépi rose tendre. Un toit à peine penché, dont le soleil a, de longtemps, doré les tuiles. Une grande porte accueillante, et deux petites fenêtres à volets verts. Devant la porte une ramade toute fleurie, à peine ombragée, de rosiers grimpants. Le long des murs le chèvrefeuille, le lilas d'Espagne et le coignassier font le décor le plus plaisant.

Dans le coin nord, une citerne fraîche, entretenue par l'eau du toit qui s'y déverse au moment des pluies. Dans le coin est, une cave aussi fraîche mais plus étroite, où mûrit la provision de vin clairet.

Contre le mur de l'ouest un appentis, pompeusement dénommé « remise », abrite quelquefois un cheval, mais sert d'asile ordinaire à mille objets agréables et utiles : quilles, boules et jeu de croquet; outils de jardinage, arrosoirs et semences; et aussi quelques jarres, et quelques tonneaux.

Tout autour du bâtiment, la terre rouge de la garrigue, patiemment défrichée de ses roches grises dont on a fait des bordures, des murettes et des bancs, se distribue en massifs et se déroule en allées.

Les allées sont bordées, au printemps, d'œillets, d'iris et de violettes. Des massifs de fleurs champêtres entourent des lilas, des amandiers, des cerisiers, des figuiers.

Et dans le champ, parmi les frêles oliviers, croissent quelques bons plants de vigne.

Sur le haut bout du champ s'élève un pavillon, ou s'arrondit une tonnelle, — sous le laurier-thym, sous l'arbre de Judée, ou au sombre et fort abri d'un carré de jeunes cyprès. Au creux des rochers qui subsistent, l'aloès étale la chair lisse et bleutée de ses larges feuilles, ou le sorbier dresse son bois luisant et gris.

Septembre nous ramène au maset plus souvent que les autres mois, et non plus seulement pour l'apaisant repos des dimanches: pour les travaux pressants de la saison, pour la cueillette et la vendange.

Mais la vendange ici n'est pas la même qu'aux grandes campagnes. Pas plus qu'il n'y a dans la remise de cuve cimentée ni de foudre imposant, il n'est point besoin, pour les vendanges au maset, d'une colle de gavatches. La famille y suffit, surtout si les enfants sont nombreux; et l'on a l'aide des voisins, à charge de revanche.

Femmes et enfants coupent le raisin; les aînés « font banastou » et portent allègrement les grappes à la cuve; le père, jambes nues, trouille; et le grand-père surveille les tonneaux; — tandis que la grand-mère, sur un bon feu de sarments et de souches, prépare aux vendangeurs le plus savoureux des ordinaires.

Et cette vendange des raisins n'est qu'un commencement. Ne disons pas : Adieu paniers! Voici pour les remplir à nouveau la figue noire, ou grise, ou blanche, qui fait la perle sur son arbre, et s'entr'ouvre parfois pour mieux nous allécher des rougeurs de sa chair. Voici les sorbes, et les nèfles, et les jujubes, et les coings, douces et profitables matières à tisanes et à confitures. Voici la rouge azerolle, et la pommette jaune, qui feront de si belles gelées, et le kaki fondant si l'on sait le cueillir à l'heure, et la pourpre juteuse de l'arbouse...

Voici, dès l'averse passée, les escagots baveurs, dont les plus fins, à la coque barrée, sont des mourguettes; et les champignons frais qu'on éprouvait, jadis, à la pièce de cent sous...

Et dès ses premiers jours, octobre nous rendra les micocoules...

Jouissance de l'hiver

L'hiver, dans notre aimable ville, sous son heureux climat, a des plaisirs abondants et variés. C'est, dans la longue année qui se traîne, la saison peut-être la plus fertile en agréables passe-temps.

Pendant dix semaines et davantage, au gré de cent initiatives publiques ou privées, charitables ou mercantiles, se multiplient les occasions de plaisir, les divertissements des matins ou des soirs. Le théâtre, la musique et la danse, la table aussi, même la séduisante voix des orateurs... Mais ce sont là manières banales de jouir de l'hiver, et qu'on peut pratiquer n'importe où, dans n'importe quel Paris, dans n'importe quel Landerneau, dans n'importe quelle Béotie.

Nous avons, si nous le voulons, jouissances moins vulgaires, et donc plus distinguées, étant essentiellement montpelliéraines.

Mon ami Barthe, à qui l'on dit: Barthou, puisqu'il est l'aîné des fils de son père encore vivant, m'a convié l'autre jour à ses jouissances matinales et champêtres.

Vous n'imaginez pas comme on se sent alerte et fort, l'esprit aiguisé mieux que l'appétit, dans l'ombre finissante d'un matin clair de janvier. Les étoiles, qui vont disparaître tout à l'heure, lancent des éclats plus scintillants, où se reflète le petit froid vif et allègre de ce dernier moment de la nuit. Tout est silence encore: et cependant les cloches de *l'Angelus,* les pas sonores et bien frappés de l'ouvrier qui s'en va gaiement à l'ouvrage, la carriole du jardinier se hâtant vers le marché, le volet battant de la première boutique qui s'entr'ouvre, avertissent le passant, de leurs bruits, mêlés, empressés et comme joyeux, que si le soleil sous l'horizon tarde encore, déjà dans la ville le jour est né.

Nous allons, sans hâte ni lenteur, d'un pas régulier et vif, le nez à l'air salubre, aux flancs le sac bien garni, aux lèvres la pipe fumante, à la main le solide bâton, sous les platanes dépouillés de la route. Et par-dessus le remblai du chemin de fer, l'aurore colore le ciel des tendres couleurs du safran, de l'hyacinthe et de la rose.

Et le soleil rayonne, net et clair dans le bleu tendre du ciel, lorsque nous arrivons sur la garrigue. Là, au creux d'une combe, parmi les oliviers grêles et les rochers gris, le maset de Barthou nous accueille, de sa ramade où pendent des roses pâles, de ses volets que nous entr'ouvrons, de son caveau bien garni d'où le vin frais sort pour notre tue-ver matinal.

Sur un banc de pierre, en un tourne-main, la table est mise. Le saucisson de montagne à la chair brune piquée de blanc; le fromageon lavé qui embaume le poivre, le romarin et l'eau-de-vie; la cèbe douce de Lézignan, dont le cœur savoureux semble une olive picholine; l'onctueuse ramplegade et le gras cervelas forment autour du flacon poudreux la ronde la plus séduisante.

L'heure est belle, le ciel est pur, l'alouette descend presque au bord de notre verre scintillant. De quel rythme joyeux et fort, de quel élan simple et précis allons-nous, durant cette matinée, manier entre les rocs, sur la terre rare mais fertile, la pioche, la bêche ou le râteau, pour que ce maset de garrigue nous donne, au prochain printemps, l'agrément de ses fleurs, et le profit de ses légumes...

Cependant mon ami Pélisse, à qui nous disons Pélissou, parce qu'il est l'aîné des fils de son père encore vivant, ayant, son café bu, ouvert à la clientèle matinale le magasin qu'il gère à la satisfaction commune de sa famille et du public, hume l'air tiède, s'assure que le jour sera beau et va fourbir sa bicyclette. Puis il garnit, à la cuisine, son sac de pain tendre, de jambon cru, de quelques fruits et de feuillette de son meilleur vin blanc. Et il part en tournée.

Mais la tournée, sur sa fin, l'amène jusqu'à la rue de Verdun. La pente, le pont franchi, l'entraîne sur ce chemin de grande communication de Ganges à la mer qui conduit, bordé de platanes, entre les vignes récemment taillées et labourées, vers les prés de Lattes, vers les bords du Lez, vers les étangs poissonneux que survolent les canards et les macreuses, — vers le rivage où la mer brille et bruit doucement.

Un vent léger s'est élevé avec la montée du soleil. Sur l'horizon élargi, la croupe neigeuse du Canigou s'érige, par-dessus le volcan d'Agde, au droit de Maguelone; et la silhouette grise du Ventoux fait un fond majestueux et lointain aux remparts d'Aigues-Mortes. Négligeant Palavas, ses chalets et leurs terrasses, Pélissou a gagné les montilles de sable, où le chardon verdâtre et la pâle immortelle rampent parmi les galets. Le dos au sable chaud qui le garde du vent, face à la mer dont la chanson égaie son repas et berce son rêve, il étale ses provisions modestes et ses membres à peine fatigués, et s'offre, dans cette solitude apaisante, d'abord un déjeuner de roi, puis une sieste digne des dieux.

Et deux heures après-midi sonnant, il est de retour à l'ouvrage, souriant, satisfait, alerte, heureux, tout à votre service: — et toute la calme et saine joie de ce beau jour de notre hiver passe, pour vous faire envie, dans le ton convaincu dont il raconte sa promenade et son déjeuner, et vous dit dans notre parler savoureux: « *Aqui, moun amic, jouisse...* »

LES JEUX DE L'ESPRIT ET DU CORPS

Sports

Montpellier est venu lentement aux sports à cause de l'indolence du climat. Pour d'autres raisons peut-être. Présentement, le mouvement sportif va en croissant. Cependant il n'est pas aussi intense que dans d'autres villes. La constitution des clubs est malaisée; Montpellier se compose de nombreux groupements qui vivent les uns à côté des autres, s'ignorent et ne se pénètrent pas. Chaque société est très exclusive et ne tient pas à entrer en contact avec les sociétés voisines. Est-ce un usage qui remonte au temps des guerres de religion? C'est possible. Est-ce parce que la tradition aristocratique est ici plus vivace qu'ailleurs? C'est plus probable. Pour l'une de ces raisons, peut-être pour les deux, la constitution des grands groupements sportifs présente des difficultés.

Cependant, autour de la ville, il y a beaucoup de tennis.

Le dimanche on joue au football. Le jeu de boules a ses fervents. C'est un jeu démocratique, parce que facile à organiser. Autrefois, le jeu de mail a connu une grande vogue; c'est un peu l'ancêtre du golf, mais nous n'avons jamais su donner à nos jeux locaux de l'allure et les imposer au monde, ce que savent si bien faire les Anglo-Saxons. Sous l'ancien régime, toutes les classes de la société jouaient le mail. Elles se confondaient très simplement le dimanche, dans l'amour du jeu, et d'Aigrefeuille raconte qu'un des plus grands seigneurs du royaume jouant le mail à Montpellier avait pour partenaire favori un savetier. L'intervalle était moins grand en ce temps entre un grand seigneur et un savetier qu'entre un nouveau riche d'aujourd'hui et un ancien riche d'hier. Chez un prince de Conti, la hauteur du rang était si naturelle qu'il ne se croyait pas obligé de la marquer par une morgue de mauvais ton. Alors, on s'efforçait de détourner le peuple des révolutions, remède toujours plus efficace que les abus qu'il s'agit d'extirper; chacun acceptait de rester à son rang, non par résignation, mais par fierté et par goût de l'immobilité, en trouvant le chemin du bonneur par la simplicité du cœur et la poésie du sentiment. Jadis les joueurs de mail s'appelaient « les Chevaliers du bois roulant ». Cette appellation archaïque avait quelque chose de délicieux...

Un cours public

Il pleut comme il sait pleuvoir chez nous. Ce n'est pas la « pluie harmonieuse et douce » de Jean Moréas, ce sont des nappes impétueuses qui s'abattent du ciel en implacables cascades. Dans la longue rue de la Blanquerie, très en pente, l'eau ruisselle sur les pavés en œil de chat. Il fait noir, on trébuche, mais qu'importent la pluie, le froid et les rafales, les auditeurs du professeur X... se hâtent vers la Faculté.

Maintenant, c'est le grand amphithéâtre de la Faculté des Lettres. Quatre à cinq cents personnes au moins. On se serre sur les bancs de bois, on s'entasse dans le couloir circulaire, il n'y a plus de place pour un auditeur, pas même pour une auditrice, personne ne voudrait perdre un mot du cours.

Tous les habitués sont là. Quelques étudiants qui viennent ici compléter leurs cours réglementaires, puis tout un public de vieux messieurs fort lettrés et de dames attentives. Aux premiers bancs, quelques femmes de la Société, car la société montpelliéraine a des traditions de culture...

Le maître entre à cinq heures et demie précises. Son exactitude est proverbiale. De sa voix nette et prenante, un peu grêle dans le haut par moment, il parlera pendant une heure... très exactement. Il expose un coin de l'histoire du Languedoc. Son érudition est précise et tranchante comme une lame bien effilée. Il a compulsé tous les textes, il a pesé et dosé toutes les opinions. Il va droit son chemin avec une logique lumineuse.

Son visage un peu pâle est fin et élégant, ses yeux pétillent et tandis que la voix a des inflexions indulgentes, le regard reste ironique et mordant.

Par moments, il effleure des sujets délicats; c'est que dans cette salle il est des représentants de ces anciennes familles qui furent intimement mêlées à notre histoire. Parmi les auditeurs, un petit frémissement... on attend avec impatience. Mais le professeur X... est maître de son sujet comme Auguste l'était de son empire et il n'apprend jamais à ses auditeurs que ce qu'ils peuvent entendre et comprendre.

Le cours est fini.

Et il en est ainsi depuis des siècles. Montpellier, au cours des temps, fut un foyer de science et de sagesse. Avant le professeur X... d'autres érudits ont professé et un autre public attentif et passionné les a écoutés. Aux temps médiévaux, la science arabe s'est installée dans nos chaires et y a fixé la pensée de la lointaine Hellade et aussi celle de Rome et d'Alexandrie. L'Eglise a organisé l'enseignement montpelliérain. Sans doute il lui est arrivé d'être sévère, de craindre les écarts. Qu'importe ? Elle a été hautement civilisatrice. C'est grâce à elle que des hommes ont enseigné et que d'autres ont appris. Toute l'histoire de l'humanité tient autour de ces chaires vénérables. Il faut compulser le Livre d'Or des Facultés et évoquer ces noms, les uns fameux, les autres obscurs. Mais parmi ces professeurs, tous, même les plus humbles, furent des manières d'apôtres. Aux heures sombres, ils maintinrent un foyer vivant et libre.

L'Académie des Sciences et Lettres

C'est une noble et vieille dame. Louis XIV fut son auguste fondateur, ou plus exactement voulut bien favoriser sa naissance. Le grand roi, en créant ces Académies provinciales, poursuivait des desseins définis : organiser des centres intellectuels chargés de répandre la langue française dans les provinces, et avec elle l'esprit de l'Ile-de-France. Ces Académies étaient en quelque sorte chargées de l'unification intellectuelle du royaume ; les savants, les écrivains, les beaux esprits de province, que l'éloignement et l'insécurité des routes retenaient loin de Paris, avaient là un refuge. Ils trouvaient à leur porte une Académie française au petit pied. L'Académie de Montpellier ne fit pas grand bruit pendant le dix-huitième siècle, mais elle fit de l'excellente besogne. Certes, les Immortels de Montpellier ne furent pas tous gens illustres, mais on les peut dire sans exception bons esprits et hommes de solide culture.

Cette Compagnie fut supprimée par la Révolution. La Révolution n'aimait pas les supériorités, et en particulier la supériorité intellectuelle, car c'est celle qui heurte le plus l'égalité. Le roi Louis-Philippe rendit à l'Académie des Sciences et Lettres de Montpellier vie et prestige. Depuis ce temps, elle a continué sa route, et, suivant l'antique adage, elle acquiert des forces en avançant. Trois sections : la section des Sciences, celle des Lettres et celle de la Médecine. Elles tiennent séance chaque mois, une fois séparément et une fois toutes trois ensemble. Le recrutement des académiciens montpelliérains se fait principalement parmi les professeurs des Facultés : c'est normal. Mais principalement ne veut pas dire exclusivement, et à côté des maîtres de l'Université on trouve quelques savants libres, quelques écrivains, voire même des gens du monde. Les mauvaises langues disent que ce ne sont pas eux qui ont le moins de culture, mais les mauvaises langues disent tant de choses ! Dans une pareille compagnie, on voit parfois et on entend des choses piquantes. Le hasard, né malin et qui fait singulièrement les choses, voulut, un jour de séance solennelle, que l'oraison funèbre du cardinal de Cabrières fût prononcée par un pasteur de l'Eglise réformée (un des meilleurs hébraïsants français). Le docte pasteur résolut le problème avec une rare élégance, agrémentée d'une pointe d'émotion... Ne parlons pas de l'esprit, tout académicien est né homme d'esprit... même en province.

L'Académie possède une magnifique bibliothèque et des manuscrits précieux. Mais, hélas ! elle n'est pas logée chez elle... Présentement, elle est l'hôte de la Faculté de Droit. Que demain cette hospitalité, dont elle est très reconnaissante, lui soit supprimée, où tiendra-t-elle séance ? Une Académie, même provinciale, ne peut loger sous les ponts ; d'ailleurs, à Montpellier, il n'y a pas de ponts !

Sans doute, être à la recherche d'un logement est chose commune en ce temps d'après-guerre, et les Immortels de Montpellier connaissent les grandes lois économiques de l'humanité. Ce n'est pas qu'à Paris, à Montpellier, à Lyon ou à Londres, que les appartements sont rares, donc chers ; je me suis laissé dire que depuis l'armistice une case d'indigènes, en Papouasie, était devenue hors de prix. Je laisse à ceux de mes savants collègues qui sont versés dans les arcanes de l'économie politique, le soin d'expliquer ce mystère, et je souhaite que l'Académie accueille et réchauffe dans son sein, même s'il n'avait rien écrit, surtout s'il n'avait rien écrit, quelque riche et généreux Mécène...

Une Académie d'Agriculture

La salle est demi-circulaire, avec des fenêtres sur la rue Maguelone et sur la rue Clos-René, un haut plafond. Tout à l'heure, cinquante ou soixante personnes prendront place ici. C'est une Société fermée, qui se recrute par cooptation. Elle a des traditions très sévères, plus que séculaires : pour s'asseoir sur ces chaises, il faut être un bon ouvrier des questions économiques et agricoles ou porter le nom de gens qui le furent jadis. Nous sommes très loin des comices agricoles de Flaubert.

Aux murs, dans des cadres uniformes, les portraits des présidents. Sur écusson de cuivre, les dates des présidences. Des noms bien connus des Méridionaux, toujours les mêmes : Marès et Jamme, Duclert, des Hours, Poitevin, Coste-Floret et tant d'autres encore, dont les œuvres s'alignent dans les rangs de la haute bibliothèque à treillis de cuivre.

Maintenant c'est la séance. Un tantinet solennelle. Elle était ainsi sous la Restauration, et le ton n'a pas changé. On est toujours très protocolaire.

Dans ce calme, les problèmes les plus graves de l'économie politique et de la viticulture sont examinés. Et c'est bien le cadre qui leur convient. Ici, pas d'excitation à craindre, pas de décision prématurée. Chaque question est exposée, étudiée et réétudiée avec un soin minutieux. Et Dieu sait si les problèmes économiques de l'heure présente sont graves. La vie de Montpellier, comme la vie du Languedoc, est suspendue à la production et au cours des vins; les problèmes viticoles sont eux-mêmes étroitement associés aux problèmes économiques français, et on peut même ajouter aux problèmes économiques mondiaux. Tour à tour, le régime de l'alcool, le régime douanier, les problèmes monétaires, le régime du blé, d'autres questions encore, seront effleurées ou approfondies dans ce cadre calme et imposant, sous les portraits de ces hommes dont quelques-uns furent illustres.

Des assemblées pareilles, où seuls des techniciens prennent la parole, peuvent, dans notre pays, émettre des vœux. Il leur est interdit d'aller plus avant. Si le destin de la nation était confié à des hommes éprouvés, pareils à ceux qui sont ici, on pourrait le juger en bonnes mains.

Hélas! on nous impose des hommes choisis au hasard d'un suffrage aveugle, sur des recommandations bien minces, et ceci fait songer à la parole de Taine, jugeant son député: « Sur des certificats aussi légers je ne l'engagerais pas pour valet de chambre. »

Qui nous donnera les biens précieux et saints qui nous font un peu défaut: l'idée du devoir, l'esprit religieux, le gouvernement de soi-même, l'autorité d'une conscience?

L'Enclos

Au long d'un ancien chemin qui va de la ville au cimetière, parmi les terrains vagues et les jardins potagers, voilà près d'un demi-siècle un bon Montpelliérain fit un enclos; il érigea, au milieu, une statue de la Vierge, et bâtit, un peu au hasard de l'espace, entre la statue pieuse et les murs, de petits maisons. Il mit autour des maisons des fleurs et des arbres, puis offrit le tout en location.

Et ce fut « l'Enclos » — où de graves professeurs de l'Université s'établirent, dans la paix du faubourg et l'agrément d'un site de campagne. Ils eurent vite fait d'y attirer leurs élèves, leurs collègues et leurs amis, d'y manifester leur goût des idées pures, des initiatives généreuses et désintéressées. Toutes les misères humaines, celles des individus proches ou lointains, celles des peuples, surtout lointains, toutes les causes passionnantes dans lesquelles la Vérité, la Justice, la Liberté paraissaient mises en péril trouvèrent à l'Enclos l'accueil le plus favorable et le concours le plus empressé.

L'art, qui n'a point de patrie, la littérature d'inspiration européenne, le Tolstoïsme et la philanthropie à la mode anglo-saxonne y réunissaient des adeptes fervents et des propagateurs ingénieux. Les plus hauts problèmes de philosophie religieuse et les plus beaux rêves de palingénésie sociale s'y débattaient avec une ferveur discrète, dans des salons modestes, autour d'une tasse de thé pâle et de gâteaux secs. Les esprits et les visages également austères s'y détendaient à des sortes d'entr'actes, durant lesquels des voix de bonne volonté répétaient un chœur de Glück pour la prochaine réunion de l'Université populaire; ou bien une dame charitable chantait, accompagnée d'un piano grêle, l'admirable *Procession* de César Franck:

Dieu s'avance à travers les champs...

Entre cette évocation mélodique du Saint-Sacrement et la Vierge du propriétaire flottait ainsi sur l'Enclos le plus touchant esprit du protestantisme libéral.

Quand mourut le savant professeur qui nous était venu là de la Suisse romande, quand les autres locataires — les autres adeptes de l'Enclos furent dispersés par la mort ou le hasard de leur carrière, l'Enclos, cependant, ne mourut pas. Il fut, seulement, transposé.

De l'autre côté du vieux chemin.

Parmi d'autres terrains vagues, en bordure d'un beau jardin de fleurs, grandissait un orphelinat, dont le prêtre montpelliérain qui en est l'aumônier voulut qu'il fût le plus gai, le plus propre, le plus accueillant qu'on pût offrir aux petits enfants d'hommes qu'une misère imméritée y conduisait pour y abriter leur enfance abandonnée.

Un parc bien dessiné, orné de pièces d'eau et d'oiseaux rares et chantants; des fleurs à profusion, nées et grandies par le travail joyeux des orphelins faisant l'apprentissage d'un métier agréable: tel est le cadre souriant du nouvel Enclos.

Dans ce cadre, un bijou d'église ogivale dresse sa nef toute blanche, égayée de vitraux clairs, son clocher où chantent les cloches, son portail où la Vierge sourit. L'église attire, séduit et apaise par l'ordonnance lente, mesurée et sereine de ses cérémonies liturgiques, par les chants où la sévérité grave et nue du mode grégorien alterne avec les grâces de la polyphonie et l'art plus savant des compositeurs modernes.

Ce conservatoire de musique sacrée ne se contente pas de ressusciter, de conserver et de maintenir: il continue les belles traditions du Moyen Age et de la Renaissance; car on y sait chanter hymnes, psaumes et antiennes sur des airs nouveaux, qui sont nés là, — fleurs d'aujourd'hui qu'a su produire sur ce terrain favorable la semence traditionnelle.

Près de l'église, le généreux esprit d'apostolat de l'ancien Enclos revit par des moyens nouveaux, dans une salle de spectacles qui s'ouvre aux curieux de belle musique profane, aux orateurs laïques ou clercs annonciateurs des nouveaux courants spirituels, ou soucieux des grands problèmes du temps présent. Une compagnie d'amateurs, dont l'élément essentiel est fait de jeunes professeurs de l'Université qui aiment passionnément le siècle où le Bon Dieu les a fait naître, révèle, sur la scène, au public de Montpellier, que le théâtre de Paul Claudel, quand on sait en prendre le ton et en pénétrer l'esprit, est vraiment émouvant et scénique.

L'Enclos, dans sa sérénité allègre, est, à Montpellier, le véritable asile de l'art probe et du goût sûr.

Les trois enchantements de l'Enclos: l'office des « Ténèbres » un jour de Vendredi-Saint; — une représentation de l'*Annonce faite à Marie;* — la procession de la Fête-Dieu, quand le Saint-Sacrement s'avance vers le reposoir, parmi les chants d'oiseaux et les cantiques, sur un tapis de roses effeuillées...

FLANERIES

Impressions de la semaine sainte

Hier, Jeudi-Saint, la journée était radieuse, un ciel sans nuages, et un grand soleil d'or, presque douloureux à supporter. Mais aussitôt midi passé, une brume légère est montée de la Méditerranée voisine et, comme un voile subtil et impalpable, elle a tamisé les rayons du soleil.

La foule visitait les églises, comme il est d'usage le Jeudi-Saint. J'ai suivi la foule. Le hasard m'a fait rencontrer un de mes amis protestants ; il m'a demandé ce que je faisais : « Je gagne une indulgence », lui ai-je répondu, non sans ironie. Est-il assez indulgent pour admettre cette indulgence ? Je l'espère. Il est en tout cas assez perspicace pour sentir la raillerie et assez spirituel pour y répondre. Il a été obligé d'accepter quelques pointes sur la barbarie huguenote. Après avoir rompu des lances, nous nous sommes séparés.

Combien faut-il visiter d'églises? Je crois, ma parole, que je l'ai oublié. Est-ce trois, est-ce cinq? Je pense que c'est cinq. Il me souvient d'un certain Jeudi-Saint, il y a douze ans de cela, où je rencontrai bien loin d'ici, sous un autre ciel, une princesse italienne qui me rappela que les personnes de son rang auguste devaient visiter sept églises. Pour les humbles mortels comme nous, c'est cinq, et c'est suffisant. C'est suffisant, car à l'entrée de chaque église, il y a des tables; sur ces tables, des plateaux, je dis bien des plateaux et non pas des bourses, rien ne permet la dissimulation. Derrière ces plateaux, le visage connu d'un ami aimable ou le sourire irrésistible d'une jolie femme chez qui on a dîné il y a quinze jours.

Ce défilé à l'entrée de chaque église, ce sont de terribles fourches caudines. Involontairement, je songe à M. Herriot et à son projet d'emprunt forcé. Mais M. Herriot n'est pas homme d'Eglise. Il ne possède pas les grandes traditions: tondre la brebis sans l'écorcher et sans la faire crier.

Que d'œuvres! Je l'ai écrit dans un de mes romans: la moitié de Montpellier quête l'autre. C'est une chose très méridionale. Il me souvient de mon pauvre ami Henri de Bruchard, écrivant un livre sur Toulouse. Il débutait par une description du Concours hippique en ces termes : « Tout Toulouse était là ; il y avait les Œuvres... »

Mais dans une église, derrière un plateau, j'ai aperçu la cornette des Sœurs de Saint-Vincent-de-Paul et la raillerie a expiré sur mes lèvres.

Le soleil se voile de plus en plus. Et la foule continue, en long serpent, à se rendre d'une église à l'autre, de Saint-Denis à Sainte-Eulalie, de Sainte-Eulalie à Sainte-Anne, de Sainte-Anne à Saint-Mathieu, de Saint-Mathieu à Saint-Pierre, de Saint-Pierre, par la longue route poudreuse, jusqu'à la chapelle de la Pierre-Rouge ; puis on remonte par Notre-Dame, on descend jusqu'aux chapelles des Pénitents et le circuit est bouclé. — Pardon, me dit un interlocuteur, vous oubliez Saints-François et Saint-Cléophas. — Je ne les oublierai pas puisque vous me les rappelez.

Il y a une tristesse dans cette journée. Est-ce l'absence du son des cloches, est-ce le souvenir des Evangiles et de la Passion ? Tout cela, et peut-être encore autre chose...

Aujourd'hui, Vendredi-Saint, le ciel est morne. Il y a sur la Méditerranée des nuages floconneux, de gros nuages amoncelés, un ciel d'orage comme dans les toiles de l'école vénitienne. Aucune placidité dans la nature et cependant ce n'est pas ainsi que devrait être le Vendredi-Saint. Je songe au radieux et placide épisode de Wagner : *L'Enchantement du Vendredi-Saint.* La sainte lance est fichée en terre, Kundry lave les pieds de Parsifal, Gournemanz lui oint le front d'huile sainte; des vers augustes sur les lèvres du pieux pèlerin et du saint ermite, tandis que de l'orchestre monte sur le hautbois une cantilène d'une simplicité divine, accompagnée par les violons en sourdine. Ce chant de paix et de délivrance, on le croirait soupiré par un archange du haut de l'Empyrée. C'est ainsi que Wagner chante la mort de Jésus sur la Croix! Un immense pardon descend sur le monde et la nature entière s'élève vers Dieu, dans une explosion contenue de joie et de reconnaissance.

Le Prince Cakya-Mouni, plus connu sous le nom de Bouddha, s'est demandé avec angoisse, durant les longues années de sa vie ascétique et alors qu'il passait de lourdes heures à contempler son nombril, où était le centre du monde? Question terriblement angoissante. *Si parva licet...* je sais, moi, où est le centre de Montpellier. C'est la place de la Comédie, ou, plus exactement, c'est l'Œuf.

Ceci demande une explication. La place de la Comédie est belle et vivante, vaste suffisamment. Elle est entourée de cafés luxueux. Le café est indispensable à la vie méridionale, c'est un salon sans femmes (j'entends sans femmes du monde, si ce n'est par exception), où chacun est reçu en payant son écot. La place de la Comédie est aussi bordée par le beau théâtre construit par Cassien Bernard, en 1889. Le théâtre est un somptueux monument, un des plus agréables théâtres de province, avec un foyer et un escalier adroitement décorés, une noble salle de spectacle au plafond agréable. Il ne manque à ce ravissant théâtre qu'un orchestre plus nombreux et une bonne troupe. Sauf lorsqu'il s'agit de tournées de passage, les représentations courantes de Montpellier sont peu dignes de la capitale du Languedoc méditerranéen. Le théâtre a une grande influence sur le goût des Montpelliérains, c'est lui qui leur a fait aimer Massenet et les a détournés de la grande musique. En revanche, les virtuoses de passage sévissent ici. De temps à autre, une bonne fortune, un prince de la musique: Iturbi, Thibaud ou Rubinstein; mais les autres chevaliers du clavier d'ivoire ou de l'archet, comme ils sont ennuyeux! Quelle plaie!

Les « Amis du Théâtre » font présentement un magnifique effort, ils ont obtenus de beaux résultats et tous les espoirs sont permis.

Oui, le centre de Montpellier, c'est l'Œuf. L'Œuf, c'est un grand rond-point, de forme ovoïde, comme son nom l'indique, qui est au milieu de la place. Là on stationne, on se donne des rendez-vous: « Je vous retrouverai sur l'Œuf... A tout à l'heure sur l'Œuf... » Au milieu de l'Œuf, la Fontaine des Trois-Grâces, d'Etienne Antoine. Elle date de 1776; les trois déesses nous sourient tendrement, elles s'appuient l'une sur l'autre, dans un geste gracieux; leur chaste nudité est d'une poésie émouvante et directe.

Il faut voir la place de la Comédie le mardi, jour de marché, après les vendanges, au mois d'octobre. Les journées sont encore belles, octobre est délicieux au Languedoc méditerranéen. Quelle foule! Dès onze heures du matin, elle encombre la place; à deux heures les cafés sont envahis, l'Œuf est submergé, les automobiles, à grands coups de klakson, tracent à grand peine, dans ce peuple mouvant et bruyant, un pénible sillon. Tout Montpelliérain qui se respecte passe au moins quelques instants sur le marché, et les propriétaires des environs, gros viticulteurs ou modestes récoltants, viennent ce jour-là en ville. C'est une sorte de devoir. On fait un bon déjeûner, quelquefois un brin de fête, mais on s'occupe aussi du cours des vins, car, enfin, on est venu pour cela. Aux terrasses des cafés, où grouille ce peuple villageois, autour des tables prises d'assaut, on voit de bonnes faces congestionnées et tout ce monde a une préoccupation unique: « Il monte? il baisse? » C'est que la vie de la province est suspendue à la viticulture.

Voué par son climat et par son sol — voué peut-être imprudemment (j'en dirai un mot par ailleurs) — à la seule viticulture, le Languedoc méditerranéen vit d'elle et en vit uniquement. La vigne est un arbuste résistant et capricieux qui demande des soins excessifs. La culture de la vigne est très chère. On dépense beaucoup d'argent avant de récolter un hectolitre de vin; dans les moyens et dans les grands domaines, on engage des sommes énormes, et petits propriétaires et ouvriers agricoles ne vivent que de la vigne. Les récoltes sont capricieuses, les cours des vins sont plus capricieux encore. Il faut étudier l'histoire de la vigne en Languedoc pour comprendre, juger et aimer la race méridionale. Au cours du dix-neuvième siècle que de fléaux! L'oïdium en 1856. La terrible maladie était à peine vaincue que survenait le phylloxéra. Cette fois, tout fut impuissant, il fallut arracher la vigne et replanter le vignoble en plants américains. Or, une fois plantée, la vigne ne donne guère de récolte sérieuse avant sept années. Sans compter que ces vignes sur porte-greffes américains allaient être beaucoup plus fragiles que les vieilles vignes françaises. Que de milliards dévorés par le phylloxéra! Toute l'épargne méridionale y passa et de nombreux propriétaires s'endettèrent. Une courte période de prospérité, et ce fut le mildiou, puis la lutte contre les vins étrangers, produits sournois qu'on peut fournir à meilleur compte que les nôtres, parce qu'Italiens et Espagnols ne connaissent pas nos charges, et peut-être aussi parce que leurs vins sont moins loyaux que les vins français. Enfin, de 1900 à 1910, la fraude éhontée sur les vins et la grande crise de mévente. Alors, c'est la misère noire; les terres grevées d'hypothèques, les maisons de commerce en faillite; le pays se dépeuple; les pouvoirs publics, avertis, font la sourde oreille: ils ne comprennent pas. En 1907, un mouvement de révolte secoue les quatre départements viticoles, les « départements confédérés », comme on disait alors. Nulle tentative de séparatisme, certes, mais la région prend conscience d'elle-même. La démission des municipalités, le refus de l'impôt; M. Clemenceau, mal rensigné, peu au courant des choses de l'économie politique, ne comprend pas, il a la main dure. Le Midi est occupé militairement par des régiments venus d'autres provinces. Alors, les régiments méridionaux se révoltent. La guerre civile est imminente, un mot peu la déchaîner. Que le docteur Ferroul, chef du Midi viticole, fasse un geste, la fusillade va crépiter des Alpes aux Pyrénées. Le docteur Ferroul était trop sage, trop grand Français pour courir une telle aventure... Il sut apaiser les provinces latines. Seuls, dans les rues de Narbonne, de pauvres gens inoffensifs tombèrent sous les balles. Ce massacre des gens sans armes, nous ne devrons jamais l'oublier.

Mais de ces tristes événements est née la Confédération Générale des Vignerons, ce puissant syndicat professionnel, syndicat modèle, un peu semblable aux corporations de l'ancien régime. Agriculteurs et petits propriétaires, paysans et ouvriers agricoles se sont étroitement groupés ; tous les partis politiques et toutes les confessions sont confondus. Un royaliste siège à côté d'un socialiste non loin d'un radical. Un protestant et un catholique collaborent avec un libre-penseur. C'est simplement l'union de tous ceux qui vivent de la vigne. Présentement, c'est la plus grande des associations françaises : cent mille membres, un gros budget, à sa tête un état-major d'économistes dont il ne me convient pas de parler.

La Confédération Générale des Vignerons a traqué la fraude. Elle a fait une propagande hardie en faveur du vin loyal et marchand. Sa propagande s'est étendue à l'étranger. Le mouvement qu'elle a créé a gagné de proche en proche ; à son exemple, l'agriculture française de toutes les régions s'est organisée. La C. G. V. a ainsi donné au monde un des plus beaux exemples de solidarité et d'activité qu'on puisse citer. On ne peut lui demander l'impossible : l'impossible serait de stabiliser les cours des vins. Avec des récoltes qui varient de quarante à quatre-vingts millions d'hectolitres, une concurrence étrangère toujours redoutable, les innombrables répercussions que peuvent avoir des mesures législatives concernant le sucre ou l'alcool, les cours des vins varient et bondissent avec une rapidité déconcertante. Il faut au viticulteur un cerveau solide. Il a beaucoup d'occupations, mais encore plus de préoccupations. Les commerçants en vins sont dans une situation aussi difficile. Les hommes éminents qui dirigent la Xe Région Economique le savent bien.

Logiquement, en quittant ce marché, où il n'est pas question que de la vigne, il faudrait remonter la rue de la Loge, et, sans se laisser distraire par les remous du vent et le désordre de la foule, prendre par la rue Nationale, saluer en passant la majesté du Peyrou, et, par la belle route toute droite, pousser jusqu'à l'Ecole Nationale d'Agriculture. C'est une Ecole déjà ancienne et justement célèbre. Son enseignement plane sur le Languedoc, s'étend sur la France et même au-delà. La renommée des maîtres de l'Ecole de Montpellier va jusqu'en République Argentine ou en Australie. Ici il faut noter une caractéristique de la région : c'est la collaboration étroite des professeurs de l'Ecole d'Agriculture et des grands agriculteurs. Ces professeurs ne sont pas des savants strictement enfermés dans leur laboratoire, ils savent sortir de leur tour d'ivoire, beaucoup sont des propriétaires et tous sont des praticiens distingués. Réciproquement, les grands agriculteurs méridionaux ne sont pas que des praticiens ; ils savent entrer dans un laboratoire, plus d'un en a fait construire à grands frais dans sa maison de campagne et on pourrait citer parmi eux de véritables savants. Maîtres de l'Ecole d'agriculture ou savants agriculteurs, le Midi agricole se souvient, pour ne parler que des morts, des Planchon et des Henri Marès, des Foex et des Despetits, Coste-Floret, Jammes, Pastre, Etienne Marès... et de tant d'autres.

Devrons-nous toujours rester fidèles à la monoculture? Question grave. Nous avons d'autres ressources naturelles, il les faudrait utiliser: « Un pays fertile sous un climat heureux, le long d'une route facile... », ainsi s'exprime Louis-J. Thomas. Les vignobles ne sont qu'une des beautés et des richesses de notre pays. « Le vin est le produit le plus abondant et le plus précieux: il n'est qu'une des sept richesses, qu'un des sept dons de la Septimanie, avec les arbres, les eaux, les mines, la mer, la route et le soleil. » Oui, mon cher maître, je suis bien de votre avis, il faudrait tenter d'autres cultures dans nos basses plaines, humides et très chaudes, il faudrait... Mais j'oublie que je parle de Montpellier et non du Languedoc méditerranéen.

Ai-je dit que les bâtiments de l'Ecole sont d'une belle ordonnance et d'une réelle élégance? C'est un domaine modèle, mi-ferme, mi-château, où tout est une joie pour les yeux et un enseignement pour la pensée. J'y voudrais voir un monument d'ivresse et de beauté au dieu splendide et bienfaisant qui planta la vigne et enseigna aux mortels à fouler les grappes pour en faire couler du vin. Hélas! les jours divins ont fui; elle est loin la belle œuvre de la vie. Nous ne menons plus les Bacchantes sur les sommets chevelus des montagnes et sur le blond rivage des mers.

Cependant, cette jeunesse agronomique, — si j'ose m'exprimer ainsi, — est joyeuse. J'ai assisté à un bal donné par les étudiants de l'Ecole. Ils recevaient avec une bonne grâce charmante.

Ces jeunes gens se réunissant pour donner un bal, c'est ingénieux et bien français. Le bal, c'est une invention de chez nous, c'est une institution française et méridionale. De beaux jeunes gens qui dansent avec de belles jeunes filles ou avec de jolies femmes... un spectacle à savourer voluptueusement. Oui, mais il y avait le jazz, la musique nègre. Quand donc des violons, des flûtes et des harpes, comme jadis?... comme au temps de Marie-Antoinette? Sans doute, Marie-Antoinette n'aurait pas été rencontrée au bal de l'Agriculture. Mais peut-être une de ses suivantes...

La nuit vient, le crépuscule tombe, les arcades de l'aqueduc se découpent noires sur le ciel jaunissant. Encore une heure tendre... et utile.

FLANERIE

Les femmes s'habillent mal, dit-on, à Montpellier. J'entends dans la rue. Car les femmes du monde sont élégantes chez elles. Les hommes s'habillent mieux que les femmes, toujours dans la rue. Voilà l'opinion courante, l'opinion reçue. Elle est exacte. C'est grand dommage: les Montpelliéraines sont agréables, elles ont de la grâce et de l'allure. Pourquoi ne soignent-elles pas mieux leurs toilettes? Il y a progrès, cependant. Les femmes s'habillent mieux aujourd'hui qu'elles ne faisaient autrefois.

Il y a un siècle, on s'habillait bien à Montpellier, dit une histoire, bien oubliée aujourd'hui, publiée en 1857 par Eugène Thomas.

A cette époque, le moindre artisan avait de l'argenterie. La plupart des femmes d'un état médiocre portaient chaînes et bracelets d'or ou d'argent. Le costume des jeunes filles était élégant; celui des personnes d'un rang élevé. On observait dans le costume une grande simplicité, mais aussi une grande dignité peu ordinaire dans les autres villes de province...

Il semble qu'au XIVe siècle les Montpelliéraines aient été trop élégantes. En effet, les consuls de Montpellier se plaignent en ce temps-là des élégances des femmes et de l'argent qu'elles faisaient dépenser à leurs maris. Ils firent un règlement somptuaire qui fut approuvé par le Pape Urbain V (bienfaiteur de la ville) et par les rois de France.

Aucune femme n'avait le droit de porter des perles ou des pierreries, si ce n'est aux bourses et ceintures et aux anneaux pour les doigts; aucune broderie de peau ou de drap fin aux habits ni autour des pieds; aucun vêtement ni capuces de drap d'or ou de soie ou de camelote; ni sur les capuces ou habits aucune sorte de boutons dorés ou émaillés ou ouvrés, mais seulement des boutons plats et blancs. Pas de manteaux ouverts par côté, parce que les femmes ainsi vêtues semblent être des hommes, mais des manteaux ouverts par devant; pas de houppelandes; pas de manches pendantes ayant plus de trois doigts de large... Défense aux hommes comme aux femmes de mettre au pendant des manches aucune peau ou fourrure d'hermine; de porter des habits plus courts que le dessous du genou; ni aucun habit de soie...

C'est assez amusant.

La rêverie part d'une place

Cette place Pétrarque s'ouvre sur la rue de l'Aiguillerie. C'est un rectangle encadré de hauts hôtels, dont deux seulement sont très beaux. Depuis peu, cette place se nomme place Pétrarque, car toute ville du Midi se doit d'avoir une place ou une rue Pétrarque. Bien rares cependant sont ceux qui connaissent, comme il le faudrait, l'œuvre de l'illustre italien. Son œuvre italienne, celle que le public admire le plus, n'est pas ce qu'il a écrit de plus intéressant. Sa grande œuvre, c'est son œuvre latine. Elle n'est connue que des érudits: il a fallu ce livre extraordinaire qu'est *Pétrarque et l'Humanisme*, de Pierre de Nolhac, pour que les gens de haute culture s'intéressassent à Pétrarque auteur latin. En somme, grâce à la fantaisie de quelques conseillers municipaux montpelliérains, dont je n'ose dire qu'ils avaient lu Pétrarque, notre bon peuple semble en savoir plus que les érudits!

Pétrarque a connu la gloire en Avignon; il y devint poète et y adora la belle Laure. Et comme il a maltraité cette malheureuse Avignon et les Avignonnais! Il s'est plaint de l'horrible vent — ce n'est pas moi qui le contredirai. — Il a parlé des papes comme Luther lui-même n'osa pas le faire. Et il se donne pour un fils très soumis de l'Eglise! Peut-être est-ce son excès d'amour pour le Saint-Siège qui commande tant de sévérité. Il nous parle de la volupté latine des Souverains Pontifes, de ces « pourceaux » que sont les cardinaux, il compare Avignon à un égout qui collecte les immondices de l'univers. Cependant, il n'a pas eu ces sévérités pour Montpellier et nous pouvons ici l'évoquer sans arrière-pensée. Ce que j'adore en Pétrarque, c'est qu'il a écrit en latin, et quel beau latin! Je regrette de ne pas être, pour une fois, de l'avis de Jules Véran; Pétrarque ne s'est pas trompé lui-même et s'il a su cueillir le vert laurier de Vaucluse, nous pouvons poser sur son front le laurier d'or du Capitole, celui qui donne l'immortalité.

Certes, Pétrarque doit l'essentiel de son génie à la poésie latine, mais il a fait plus d'un emprunt aux troubadours de chez nous, ne l'oublions jamais. Il nous l'a dit lui-même en termes très précis. Il a su se dégager de Dante et il a bien fait. Le génie de Dante est trop vaste, il n'y a pas place auprès de lui. Avez-vous vu dans les forêts fameuses ces arbres gigantesques qui montent haut et droit dans le ciel et dont les branches s'étendent loin à l'entour du tronc? Rien ne peut croître et prospérer sous leur ombre, elle est mortelle.

Je voudrais que Laure fût née à Montpellier, mais, hélas! elle est Avignonnaise. C'était une femme du monde, une simple femme du monde, comme Pétrarque était un homme du monde. Son génie d'écrivain n'est qu'un des attributs de sa mondanité. Il rencontrait Laure partout; dans les rues et dans les églises, dans ses flâneries sur les bords du Rhône, dans les beaux jardins avignonnais et même à la cour papale, puisque les jolies femmes n'en étaient pas exclues. C'était une femme calme et souriante, de mince intelligence, sans doute; elle avait neuf enfants, dit une fragile légende, et le flirt de Pétrarque devait la divertir. Pétrarque avait le sentiment de sa supériorité intellectuelle, mais il sentait que la beauté est un don de Dieu et que le talent, le génie même sont peu de choses auprès d'une femme très noble, très belle et très vertueuse. Ils eurent des amours respectueuses et pures. C'est une fort belle chose. Je vois tel ou tel sourire et s'écrier : « Quel imbécile, votre Pétrarque ! »

Etes-vous bien sûr que ce soit lui qui faille appeler un sot?

Ils connurent cependant au bord du Rhône de souriantes aventures. Un poète provençal s'est plu à en imaginer une. Elle sort du cadre de l'amour courtois, mais elle est si charmante qu'on peut bien la rapporter. Sans doute sous les ombres heureuses Pétrarque et Laure ne s'en froisseront pas.

Un jour, caché par d'épais roseaux, Pétrarque aperçoit Laure : elle se baigne. Sa beauté est plus resplendissante que l'eau courante du ruisseau. Surprise, elle s'émeut et trouve le moyen de dérober à la vue de son soupirant son corps tentateur ; elle bat l'eau, s'en éclabousse et tisse un rideau bleu et blanc, qui monte jusqu'aux nues. D'un voile de perles, elle drape sa belle nudité et sa vertu en est vêtue comme de l'étoffe d'une robe.

Evidemment, ceci n'est plus de l'amour courtois et le poète provençal s'est trompé. La noble dame qui occupait la vie de son soupirant imposait d'autres sentiments et d'autres devoirs. Elle était la dame et lui le vassal; il était en service, il lui devait jurer hommage à genoux, et à mains jointes, et lui appartenir sans réserves. « S'il vous plaît de me tuer, dit un troubadour à sa dame, je remercie Dieu de ma mort. » Véran a écrit, dans son beau livre, *De Dante à Mistral* (qu'il me soit permis de le paraphraser dans ce chapitre), des choses délicieuses sur ce thème. C'était le beau code d'amour et de poésie de l'époque, que Pétrarque a si bien connu. Son amour, dont il a fait une des plus belles histoires du monde, est une aventure tissée de rien. Je sais bien que lorsqu'il chante Laure, sa châtelaine et sa princesse, il nous en fait des descriptions si extraordinaires que nous sourions. Un jour, c'était pendant une réunion mondaine, Laure laissa tomber son gant. C'est un incident bien minuscule et vous ou moi n'en tirerions pas plus d'une ligne, mais Pétrarque en a tiré trois sonnets qui sont parmi les plus beaux qu'un poète ait jamais écrit. Le gant étant tombé, il a vu la main de la belle Laure nue, cette main divine, et il écrit :

« O belle main qui me tiens le cœur et enfermes ma foi en un petit espace! Main pour qui de tout art, de toute diligence ont usé la nature et le ciel pour s'en faire honneur. O ces cinq perles, couleur orientale! Vous qui m'êtes aigus et cruels en mes plaies, doigts sveltes et suaves; voici qu'un instant, nus, pour ma richesse, Amour vous a laissés. Gant blanc et joliet, très cher gant qui couvrait un ivoire pur et des roses fraîches!... Qui donc jamais au monde vit si douces dépouilles? Ah? puissé-je èn avoir tout autant du beau voile! Mais, hélas! inconstance des choses humaines: c'est là un vol pourtant et je dois m'en défaire ».

Il s'en défit, car sa dame ne lui permit même pas de conserver ce gant. Laure mourut; lui ne mourut pas. Mais il écrivit sur la mort de Madame Laure un des plus admirables sonnets qu'aient jamais murmuré les lèvres humaines.

Il avait beaucoup souffert. Hélas! les belles choses naissent dans les larmes; acheter la beauté au prix de la douleur, ce n'est pas faire un marché de dupe.

Léger, élégant, précieux, maniéré, soit! Les défauts de Pétrarque, qui ne les connaît? Mais en revanche, quel élan, quelle joie! Comme il est à la fois antique et moderne par son sentiment de la nature! Cet homme, qui fut Montpelliérain d'occasion, doit rester des nôtres par l'admiration que nous lui portons. Si jamais la barbarie et les ténèbres déferlaient encore sur le monde latin, car la barbarie naît dans tous les coins du globe et les barbares de l'extérieur ne sont pas les plus redoutables, c'est autour de quelques grands hommes comme Pétrarque que se rallumeraient un jour les foyers de la civilisation. C'est pourquoi, sur cette sombre place, j'ai pensé beaucoup à Pétrarque et un peu à Laure.

Ce mélange de passion païenne et de mysticisme chrétien choque plus d'un lecteur, et cependant! Péladan, si je ne me trompe, dit que le même péché revêt des caractères différents selon la croyance: la vertu protestante a un autre air que la vertu catholique; aucune doctrine ne métamorphose l'homme en ange, mais chacune constitue une vertu animique reconnaissable.

L'égide catholique couvre bien des histoires d'amour, mais n'est-ce pas toute la beauté de la devise: « Mon Dieu et ma Dame... »

Pétrarque rencontra Laure le 6 avril 1327, très exactement à l'heure de prime, pendant une messe du matin, dans l'église Sainte-Claire, où la noble dame venait faire ses dévotions, et le voilà fol d'amour. Toute sa vie, il mélangera la doctrine platonicienne et la doctrine chrétienne, l'amour de Dieu... et de ses créatures. Une femme noble, belle, vertueuse, fit ce miracle, mais sur notre terre latine, et ici même, alors que Montpellier n'était qu'une bourgade, des femmes très belles, très nobles et très vertueuses, toutes grandes dames voulurent créer une religion de l'amour. On nous apprend qu'elles franchirent les justes limites et que l'Eglise a condamné les Cours d'amour, au moins à la fin, lorsqu'elles sont sorties de leur rôle. Rome voulait qu'on considérât les femmes non pas comme des êtres privilégiés, possédant toutes les perfections, mais comme des créatures semblables à l'homme, c'est-à-dire fort imparfaites... N'importe, c'est ici que tant de belles idées ont fleuri et fructifié miraculeusement. Le christianisme a vaincu les mœurs brutales à une date antérieure aux Croisades, et si la *Vita Nuova* est de 1265, bien avant Dante l'amour courtois était né entre le Rhône et les Pyrénées.

Quelle belle heure de rêverie on passe en compagnie des morts. Près de ces poètes et de ces nobles dames qui dorment d'un sommeil calme en attendant la résurrection...

Le charme du passé

Montpellier n'est pas un ville antique. C'est à peine une ville ancienne, à cause des destructions pendant les guerres religieuses, et cependant c'est une ville du passé. Parmi ses maisons et ses hôtels, aux murs roussis par le soleil, fouettés par le vent du nord et rongés par le vent marin, le charme du passé persiste. Par certains après-midi d'automne, des rues de la ville, de la promenade de l'Esplanade, du piédestal monumental du Peyrou ou du profond Jardin des Plantes monte un prestige étrange. Un charme fort, mystérieux, triste et tendre, qui enrichit notre vie si courte. Que serait cette vie, sans les morts et ce qu'ils nous ont laissé? Comme elle nous semblerait vide et longue, comme nous sentirions peser sur notre cœur son ennui et sa lassitude. Dans le passé nous avons des amis, que nous n'avons pas connus, mais ils sont près de nous par l'âme, l'esprit et le cœur.

Il est un jeu auquel nous avons tous joué : à quelle époque auriez-vous voulu vivre? Je crois que c'est à Montpellier, à la fin du XVIIIe siècle, à condition de mourir juste à temps pour ne pas voir la Révolution.

Vivre dans ces vieilles demeures, dans ces maisons incommodes et vétustes, où l'on s'éclairait à la chandelle et où l'on avait très froid en hiver, parce que Montpellier ignorait alors le chauffage central et que, par économie, on ne faisait pas de grands feux. Avoir froid l'hiver, c'est une tradition montpelliéraine. Vous entrez dans un salon immense, il y gèle à pierre fendre et la maîtresse de maison, fort accueillante, drapée frileusement dans un grand châle et assise devant sa cheminée, vous dit : « Il fait froid, aussi nous avons fait du feu. » Vous apercevez dans l'âtre deux misérables bûches qui se battent en duel et n'arrivent pas à se consumer.

Mais reprenons notre rêve. Nous sommes caressés par le passé de je ne sais quoi d'impalpable et d'évident...

Il faut songer à ces robes démodées, à ces atours lointains, à ces costumes d'autrefois qui, dans les vieilles armoires, immobilisent leurs plis jadis vivants. Ces robes ont recouvert des corps et des cœurs, des gestes, enfin de la vie...

Le charme du passé, il faut le goûter dans les grâces de l'histoire et aussi dans ses rudesses. Dans ses rudesses, pourquoi ? A Montpellier, à la fin du XVIIIe siècle, la rudesse n'était pas de mode, elle ne l'était guère dans le reste de la France. Les Français étaient de grands enfants ivres de théories et qui jouaient. Tout le monde avait un peu l'âme de Marie-Antoinette promenant ses moutons dans les parcs de Trianon après qu'ils avaient été frisés, ornés de rubans et parfumés. Elle croyait, de très bonne foi, non pas jouer à la bergère, mais évoquer les véritables gardeuses de moutons qui parcouraient à la même heure les plateaux désolés du Massif Central ou des Alpes.

La vie n'est qu'une longue illusion, peut-être la mort en sera-t-elle une autre. Et c'est ainsi qu'en évoquant ce charme du passé qui coule des murs de Montpellier, nous emplit tout entier, nous pouvons, sans le vouloir ou en le voulant, philosopher un peu.

Jadis, à Montpellier, les dames circulaient en chaise à porteurs. L'usage s'est maintenu fort longtemps. Les pavés étaient bien faits pour meurtrir leurs pieds délicats. Les chaises à porteur ont disparu; mais les vilains pavés sont toujours là, la municipalité les entretient avec un soin jaloux.

— Votre municipalité, me dira-t-on, veut peut-être revoir les chaises à porteur, c'est pour cela qu'elle ne change pas ses pavés. Votre Conseil municipal est composé d'affreux réactionnaires?

— Je ne crois pas (1).

---

(1) Tandis que je termine ce chapitre, on pave quelques rues... confortablement.

FINAL

Ce matin, je suis retourné au Peyrou, sur la terrasse du Château d'Eau. Une belle matinée de mai. L'Arc de Triomphe, les murs du Palais de Justice, les pierres des maisons rongées par le vent, dévorées par l'ardeur de l'été, sourient à la jeune lumière. Le soleil incendie les beautés de la charmante ville, la vieille cité semble un écrin où les siècles ont pris soin tour à tour d'apporter et de ciseler leur joyau. Une pensée de Carlyle me hante: « Creation, says one, lies before us like a glorious rainbow, but the sun that made it lies behind us hidden from us. » (*La création s'étale devant nous comme un glorieux arc-en-ciel, mais le soleil qui le fait est derrière nous, hors de notre vue.*)

Pourquoi ces beautés, cette gloire, cette harmonie? Que la ville flambe, que ses pierres rougissent sous le grand soleil d'été, alors que le ciel même brûle et qu'il tombe du zénith une averse de feu, qu'elle s'endorme dans le calme recueilli de l'automne, que l'âpre vent du nord la cingle en hiver ou que les sautes de température la rendent désagréable à habiter au printemps, Montpellier reste une ville unique, un ensemble qui n'est ni italien, ni espagnol. Est-ce l'antichambre de Barcelone? Peut-être. Est-ce le vestibule qui mène à Gênes ou à la Riviera? Sans doute. C'est quelque chose de singulier, où il y a une grande sagesse, une force robuste. Robert de Flers, raillant avec agrément la Provence et la Gascogne, écrivait: « Fort heureusement la Providence a placé entre elles le robuste et sage Languedoc pour les empêcher de se raconter trop d'histoires. » C'est la caractéristique du Languedoc; il est robuste et sage, et c'est aussi la caractéristique de Montpellier, ville intellectuelle, ville universitaire, ville de bourgeoisie, ville aristocratique, calme cité catholique avec une société protestante, ville assez commerçante et surtout viticole, ville robuste et sage. Il n'y manque peut-être qu'un peu plus de dilection de la part de ses habitants. Les Montpelliérains sont gens aimables et équilibrés, suffisamment intelligents avec une culture acceptable. Ils ont quelques défauts. Ils sont trop individualistes et aussi, pour-

quoi n'écrirais-je pas le mot, trop facilement envieux. Ils se laissent aller aux rivalités personnelles et aux rivalités de clan, ils s'y sont abandonnés autrefois plus encore qu'aujourd'hui. Ces deux défauts — car ce sont deux gros défauts — vont heureusement en s'atténuant.

Montpellier n'est pas très bien placé; la ville n'est pas sur le chemin de France en Italie, ni sur la route d'Espagne en France. Sans doute, elle est sur le trajet de Bordeaux à Marseille, et sur le trajet de Gênes à Barcelone, mais cela n'est point suffisant. Le grand tourisme ne passe pas obligatoirement par Montpellier qui, à tout prendre, est relativement peu connu. Son musée, un des plus beaux de France et du monde, n'attire pas autant d'artistes et d'amateurs qu'il le faudrait; son climat devrait avoir une autre réputation et retenir plus d'étrangers en hiver. Montpellier, enfin, par son charme particulier, devrait être un centre plus actif de toutes les manières.

Il faut faire connaître cette ville par la plume et le crayon, par la parole aussi. Il importe que chacun apprenne à l'aimer. Il y a toute une éducation à faire, en commençant par celle de nos compatriotes. Il faut leur enseigner à ne pas dire du mal de leur ville, qu'ils ne comprennent pas toujours. Beaucoup de gens pensent que cela est de bon ton. Autrefois, il était, paraît-il, d'excellente éducation de dénigrer ce qu'on possédait, tel le grand seigneur chinois qui accueille dans son magnifique yamen un voyageur descendu dans une auberge: « Je m'excuse de vous avoir fait quitter votre somptueux palais de marbre pour vous recevoir dans ma cabane de boue. » Cette politesse, très en usage sur les bords du fleuve Jaune, est ridicule dans notre Europe du vingtième siècle. Il faut donc que les Montpelliérains, et les Montpelliéraines aussi, s'imprègnent d'abord du charme de leur ville et sachent le répandre.

Le temps passe, les siècles fuient, le grand ciel de juin, ou la lumière mouillée du Vendredi-Saint, se succèdent, et s'il est bien d'autres féeries au monde, l'esprit peut cependant se reposer avec confiance dans l'enchantement de Montpellier.

TABLE DES MATIERES

Achevé d'imprimer le 15 décembre 1930, par MM. Causse, Graille et Castelnau, imprimeurs, pour le compte de MM. Dubois et Poulain, éditeurs à Montpellier.

www.ingramcontent.com/pod-product-compliance
Ingram Content Group UK Ltd.
Pitfield, Milton Keynes, MK11 3LW, UK
UKHW022057260726
13993UKWH00001B/170